北京市公园管理中心　编
Edited by Beijing Municipal Administration Center of Parks

園説 Ⅵ

A Story of Gardens Ⅵ
The Charm of Classical Chinese Wooden Furniture Transcends Time and Space

木器风华　美成在久

文物出版社

图书在版编目（CIP）数据

园说. Ⅵ, 木器风华 美成在久 / 北京市公园管理中心编. -- 北京 : 文物出版社，2024. 12. -- ISBN 978-7-5010-8618-4

Ⅰ. K872.1

中国国家版本馆CIP数据核字第2024JZ7360号

园说Ⅵ——木器风华　美成在久

编　　者　北京市公园管理中心

责任编辑　冯冬梅　陈　峰
责任印制　张　丽
出版发行　文物出版社
社　　址　北京市东城区东直门内北小街 2 号楼
邮　　编　100007
网　　址　http://www.wenwu.com
邮　　箱　wenwu1957@126.com
经　　销　新华书店
印　　刷　北京雅昌艺术印刷有限公司
开　　本　787mm × 1092mm　1/8
印　　张　33.5
版　　次　2024 年 12 月第 1 版
印　　次　2024 年 12 月第 1 次印刷
书　　号　ISBN 978-7-5010-8618-4
定　　价　1080.00 元

《园说Ⅵ——木器风华　美成在久》编辑委员会

序

近年来，北京市属公园主动融入首都发展大局，积极参与北京全国文化中心建设，在遗产保护、三山五园历史文化景区建设、中轴线申遗等工作中发挥重要作用，做出了积极贡献。“园说”作为北京市公园管理中心的园林文物类展览品牌，六年来，持续以传承弘扬优秀园林文化、服务人民美好生活为目标。

今年，“园说Ⅵ”文物展以“木器风华　美成在久”为题，聚焦明清时期古典家具，通过对家具历史、文化内涵、风格特征及陈设规制的解析，阐述古典家具蕴含的思想意识、审美取向和时代精神。展览共分“佳木良作”“器以载道”“中西遇鉴”“各有所宜”四部分，从颐和园、故宫博物院、天坛公园、广东省博物馆、苏州市拙政园管理处等5家单位甄选83件展品，展示集功能、形式、审美、技艺于一体，融文人与匠人智慧、历史与文化于一身的中国古典家具精品。

“一角一隅现雅境，一器一物显格调。”中国古典家具以其独有的气韵融于园林和自然，再现古人的生活日常与陈设美学，折射出的不仅是中华传统文化的永恒之美，更是文化的传承、生活的艺术。

北京的市属公园多为古典名园，历史悠久、特色鲜明、价值突出，集中体现了中国造园艺术的精粹，蕴含着中华民族独有的审美文化和哲学思想，彰显着古人追求人与自然和谐相处的人文精神。长期以来，北京市公园管理中心以习近平文化思想为指引，按照保护第一、传承优先的理念，构建以文物资源为核心的历史文化遗产大保护格局和体系。未来，我们将坚守“以文物诉说园林，以园林阐释中华优秀传统文化”的初心，致力于文物和文化遗产的活化利用，不断探寻园林文化研究和展示的模式，延续“园说”展览品牌的精彩，让文物和文化遗产绽放时代光彩！

张勇

北京市公园管理中心党委书记、主任

2024年12月

FOREWORD

In recent years, Beijing's municipal parks have actively integrated into the city's overall development plan, playing a key role in the construction of the national cultural center. They have made significant contributions to heritage preservation, the development of the "Three Hills and Five Gardens" cultural landscape, and the nomination of the Central Axis for World Heritage status. Over the past six years, the exhibition series *A Story of Gardens*, organized by the Beijing Municipal Administration Center of Parks, has focused on showcasing the rich tradition of garden culture while enhancing public well-being.

The exhibition *A Story of Gardens VI: The Charm of Classical Chinese Wooden Furniture Transcends Time and Space* highlights classical furniture from the Ming and Qing dynasties (1368–1911). Through an exploration of the history, cultural significance, stylistic features, and display conventions of these pieces, the exhibition uncovers the underlying philosophy, aesthetic values, and spirit of the times. Divided into four sections, the exhibition features 83 artifacts from the collections of the Summer Palace, Palace Museum, Temple of Heaven Park, Guangdong Museum, and Suzhou's Humble Administrator's Garden. These works seamlessly integrate function, form, aesthetics, and craftsmanship, embodying the wisdom of scholars and artisans, as well as the rich interplay of history and culture.

"Each corner of the garden reveals an elegant scene; each piece of furniture reflects refined taste." Chinese classical furniture, with its unique charm, harmonizes with gardens and nature, recreating the aesthetic and daily life of the ancients. It reflects not only the timeless beauty of traditional Chinese culture but also the enduring values and artistry woven into everyday life.

Many of the municipal parks in Beijing are renowned classical gardens, boasting long histories, distinctive features, and exceptional cultural value. These gardens represent the pinnacle of Chinese garden design, embodying the unique aesthetics and philosophy of Chinese culture with a focus on the ancient ideal of harmony between humans and nature. Guided by Xi Jinping Thought on Culture, the Beijing Municipal Administration Center of Parks has prioritized the protection and inheritance of heritage, developing a comprehensive system for safeguarding historical and cultural resources centered on cultural artifacts.

Looking ahead, we will remain committed to our mission of "telling the story of gardens through artifacts and interpreting traditional Chinese culture through gardens." Our efforts will continue to focus on revitalizing cultural heritage, exploring innovative approaches to garden culture research and display, and expanding the exhibition series *A Story of Gardens*, allowing cultural heritage to thrive in a modern context.

Zhang Yong
Secretary of the Communist Party Committee and Director of
Beijing Municipal Administration Center of Parks
December 2024

目录

图版目录

第一单元　佳木良作

第二单元　器以载道

第三单元　中西遇鉴

第四单元　各有所宜

Catalogue

Section One
PRECIOUS WOOD AND ELABORATE WORKS

Section Two
CULTURAL CARRIER

Section Three
MUTUAL LEARNING BETWEEN CHINA AND THE WEST

SECTION FOUR
SUITABLE FOR VARIOUS OCCASIONS

前言

家具，贯穿人类存在的时间与空间，从远古先人的一垛木桩到威严御座，从一席苇草到高床幔帐，伴随人类文明的进程不断发展和演变。家具以其独有的发展方式和艺术风格，贯穿于社会生活的方方面面，与人们的衣食住行密切相关。中国古典家具结构源于建筑，线条取于书法，气韵近于雕塑，节奏求于音乐，气质发于中国，是世界文化遗产中的瑰宝。

良木不言，榫卯无语，琢木载道，方寸乾坤，让我们走进中国古典家具的世界，感受中国古典文化的和谐与浪漫。

PREFACE

Furniture runs through the time and space of human existence, from a pile of wooden stakes of ancient ancestors to majestic thrones, and from a reed mat to high beds and curtains, which constantly develops and evolves along with the process of human civilization. Furniture, with its unique development mode and artistic style, runs through all aspects of social life and is closely related to people's clothing, food, housing, and transportation. Chinese classical furniture has the following characteristics: its structure originates from architecture, its lines are taken from calligraphy, its charm is similar to sculpture, its rhythm is from music, and its temperament comes from China, which is a treasure in the world cultural heritage.

For the material selection of Chinese classical furniture and the mortise and tenon structure used in it, time is the best proof, surpassing any praise in language or writing. The meticulous craftsmanship in the production of Chinese classical furniture embodies the spirit of ancient Chinese craftsmen. Let us walk into the world of Chinese classical furniture and experience the harmony and romance of Chinese classical culture.

中国古典家具源远流长，其变革与古人起居方式的演进相关联。从席地而坐至垂足高坐，家具历经先秦的萌芽、魏晋的发展、宋元的成熟和明清的鼎盛，创造了种类齐全、造型典雅、风格独特、富有内涵的体系。不同阶段，家具的器形、功用、工艺、材质等受自然环境、政治经济、民族宗教、文化交流等因素影响，形成了特定的时代风格。

Chinese classical furniture has a long history, and its change is related to the evolution of ancient lifestyles. From kneeling or sitting cross-legged upon mats to high seating with legs hanging down, furniture was in its infancy in the pre-Qin period, developed in the Wei and Jin dynasties, matured in the Song and Yuan dynasties, and reached its peak in the Ming and Qing dynasties, creating a system with a complete variety, elegant shape, unique style, and rich connotation. At different stages, the shape, function, craftsmanship, and material of furniture are influenced by factors such as natural environment, politics and economy, ethnic religion, and cultural exchange, forming specific styles of the times.

第一单元

SECTION ONE

佳木良作

PRECIOUS WOOD AND ELABORATE WORKS

中国家具史话

商周—秦汉

清《孔子圣迹图》局部

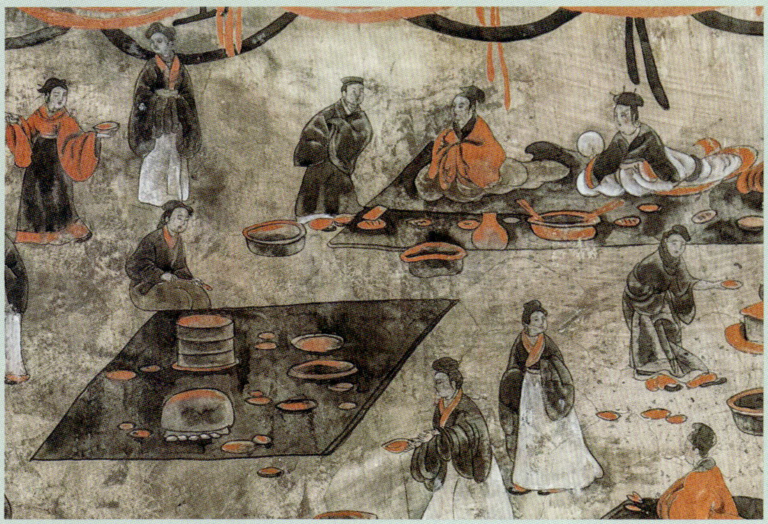

东汉《宴饮百戏图》局部

席地而坐的低矮型家具时期。商周时期家具形制简单，以禁、俎、几、案、床榻等家具为主。至汉代，胡床传入，高型家具开始出现，髹漆成为汉代家具的主要工艺特征。

魏晋—隋唐

东晋《女史箴图》局部

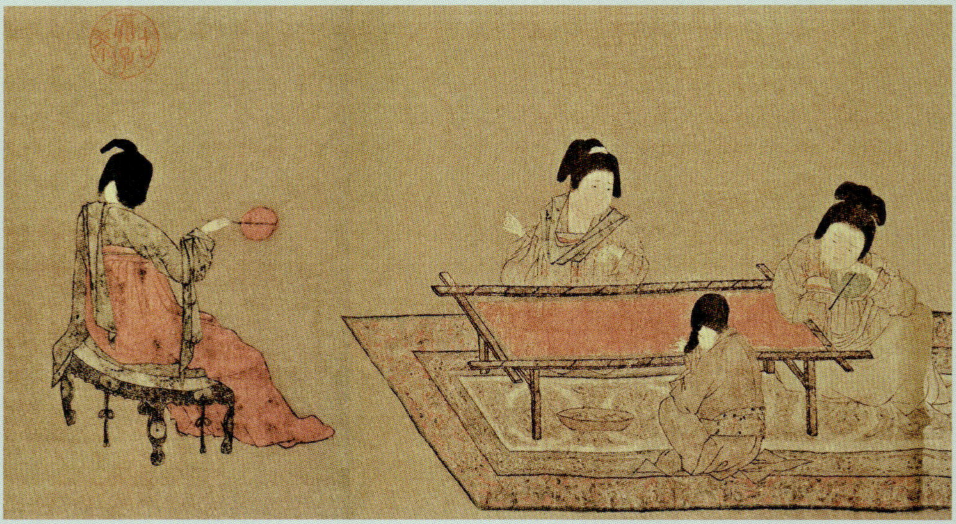

唐《挥扇侍女图》局部

跪坐与垂坐并行，是矮型家具向渐高型家具过渡阶段。魏晋时期多民族生活方式融合，桌、椅、凳、墩的组合逐渐占据中心地位。唐代家具造型浑圆丰满，螺钿工艺精美，装饰富丽华贵，线条流畅柔美。

宋元

宋《听琴图》局部

元《事林广记》

家具发展承前启后的重要阶段，垂足而坐，高型家具系统较为完备。宋代家具追求严谨的秩序，简约、雅致；元代家具则硕大、雄壮，展现出豪放、热烈的民族风格。

明清

明《十八学士图》局部

清《岁朝欢庆图》局部

中国古代家具发展的高峰。明式家具简洁、秀雅，注重造型和功能的审势合度；清式家具用材厚重、装饰繁复，以富丽、豪华、稳重、威严为准则。

案，古时多和“几”并称，呈长条形，四腿缩进案面，与桌区分。除实用性外，观赏性和艺术感亦强，文化意义浓厚，陈设功能灵活，可分为平头案、翘头案、架几案、画案、炕案、供案等。
如意云牙头
一腿三牙

几榻有度，器具有式，位置有定，贵其精而便，简而裁，巧而自然也。

——〔明〕文震亨《长物志》

椅

椅，高坐家具的代表，有靠背，供人垂足坐和倚靠。唐代初具雏形，至宋代造型和结构更为合理，体现了庄重、典雅的礼仪文化。其样式、种类丰富，可分为交椅、圈椅、官帽椅、玫瑰椅、靠背椅等。

1

黄花梨嵌玉南官帽椅

Huanghuali Wood Continuous Yokeback Armchair with Jade Inlay

明（1368～1644年）

长60、宽55.5、高93.5厘米

颐和园藏

黄花梨木制。扶手、联帮棍皆用弧形圆材制作，靠背板略微曲，上端铲地嵌玉片，下端锼出壶门亮脚。座面为藤席软屉，面下腿间安券口，并沿起阳线弧形相交。腿足圆材，四腿直下，腿间装管脚枨，前枨下装极窄的牙条。此椅造型简洁，雕饰无多，是明代家具的代表。

案

案，古时多和『几』并称，呈长条形，四腿缩进案面，与桌区分。除实用性外，观赏性和艺术感亦强，文化意义浓厚，陈设功能灵活，可分为书案、画案、炕案、供案、奏案等。

2

铁梨木如意纹带托子翘头案

Tieli Wood Narrow Table with Recessed Legs, Everted-Flanges, and Side Floor Stretchers

明（1368～1644年）

长171、宽42、高83.5厘米

颐和园藏

铁梨木制。案面为独板，两侧带翘头。牙板两侧牙头与角牙雕卷云纹，两侧腿间有两条横枨，中间四面镶鱼肚圈口。底枨兼做托子，腿足两侧起阳线，做双混面双边线。此翘头案用料厚实，比例匀称，造型古朴优美，纹饰简洁但做工考究。

如意云牙头

一腿三牙

3

紫檀一腿三牙条案

Zitan Wood Narrow Table with Recessed Legs and Three Spandrels to One Leg

清早期

长 105.5，宽 36，高 82 厘米

颐和园藏

紫檀木制。案面攒框装独板，面下做三劈料裹腿牙板，其下接裹腿罗锅枨，上部与牙板相抵，四角另安曲形圆柱角牙与腿相交，形成“一腿三牙”的结构。四腿微外撇，成四劈八叉式。此案造型流畅，纹饰简洁，是清初明式家具的精品。

几

几，最初用于祭祀等较为正式的场合，是身份等级的象征，后成为长者、尊者的凭倚用具，也可放置器物。其形体较小、结构简单，用料讲究，造型静雅。依陈设空间及功能需求的不同，可分为凭几、香几、花几、茶几、炕几、条几等，是家居陈设的重要组成部分。

4

紫檀双裹腿罗锅枨香几

Zitan Wood Incense Stand with Leg-Encircling Stretchers

清早期

长 41.5，宽 41.5，高 85.4 厘米

颐和园藏

紫檀木制。几面方形，攒框装芯，面侧沿呈泥鳅背式素混面。面下为圆棍攒框呈变形裹腿式罗锅枨。枨、腿全为圆材。四腿下装有素面屉板，板下装圆棍攒直角高拱罗锅枨，两枨圆抱裹腿。此几结构、做法仿竹藤制品，简洁素雅，风格独特，为清代早期明式家具珍品。

罗锅枨

5

紫檀番莲纹高束腰带台座香几

Zitan Wood High-Waisted Incense Stand with Buddhist Pedestal

清早期

长 54.5、宽 40.5、高 90.6 厘米

颐和园藏

紫檀木制。几面四围起拦水线，面板边抹锦地纹，三开光内浮雕缠枝花卉。高束腰，透雕夔龙和缠枝花卉纹，上下托腮雕仰覆莲瓣纹。望板及披肩铲地浮雕卷珠和缠枝花卉纹。三弯腿，外翻回纹马蹄雕花卉纹饰，踩宝珠。下承须弥座，座面板攒框装芯，浮雕夔龙衔灵芝纹，面下牙板和卷云足一木连做，雕宝珠及缠枝花卉。此几用料厚重，雕工精湛，典雅稳重。

6

文竹有束腰带托泥香几

Bamboo Waisted Incense Stand with Continuous Floor Stretcher

清中期

长 39、宽 39、高 93.4 厘米

颐和园藏

软木胎贴竹黄。此几设计近似书法中的双钩手法，以空灵见长。整器光素无雕饰，高束腰挖鱼门洞，下承托泥。文竹家具的工艺是将南竹锯成筒，去节去青，留下一层竹黄，经煮、晒、压平后，胶合在木胎上，之后磨光，也称“贴黄”或“翻簧”。此几造型大方，色彩温润淡雅，且分量极轻，便于移动。

7

紫檀透雕莲藕纹高束腰方几

Zitan Wood High-Waisted Square Stand with Lotus Motif

清中期

长 49、宽 49、高 93.8 厘米

颐和园藏

紫檀木制。几面方形，四边攒框装板，面下高束腰，鼓腿膨牙，腿足微外撇，四足中间安有管脚枨。除几面外，通体应用多种技法雕刻密不露地的莲荷纹，管脚枨选用藕节造型。该方几用材粗硕，纹饰雕刻精美，造型别致，是难得的佳品。

8

黄花梨壶门牙炕案

Huanghuali Wood Narrow *Kang* Table with Recessed Legs and Ornamental Openings

清早期

长 96.5、宽 31.7、高 31.5 厘米

颐和园藏

黄花梨木制。案面光素，攒框装芯，下接壶门式牙板，轮廓曲线舒展流畅，起伏较大。牙板边沿铲地起阳线，穿过插肩榫与蚂蚱腿相贯而下。此炕案造型简洁明快，线脚的做工增加了装饰效果。

壶门牙板

9

朱漆描金福寿纹炕案

Red Lacquered Narrow *Kang* Table with Recessed Legs and Gold-Traced Happiness and Longevity Motifs

清中期

长 64.3、宽 29、高 32.3 厘米

颐和园藏

软木漆面。通身朱漆为底，案面彩漆描金戗刻大片绳璧纹、宝相花纹、番莲纹，其他各处彩漆描金刻画福寿纹、夔龙纹等。案面两头向下回卷呈拐子形，下配牙板，两侧有角牙。直腿间两侧各有两处横枨。此炕案工艺精湛，花纹繁复，装饰华丽。

制作工具

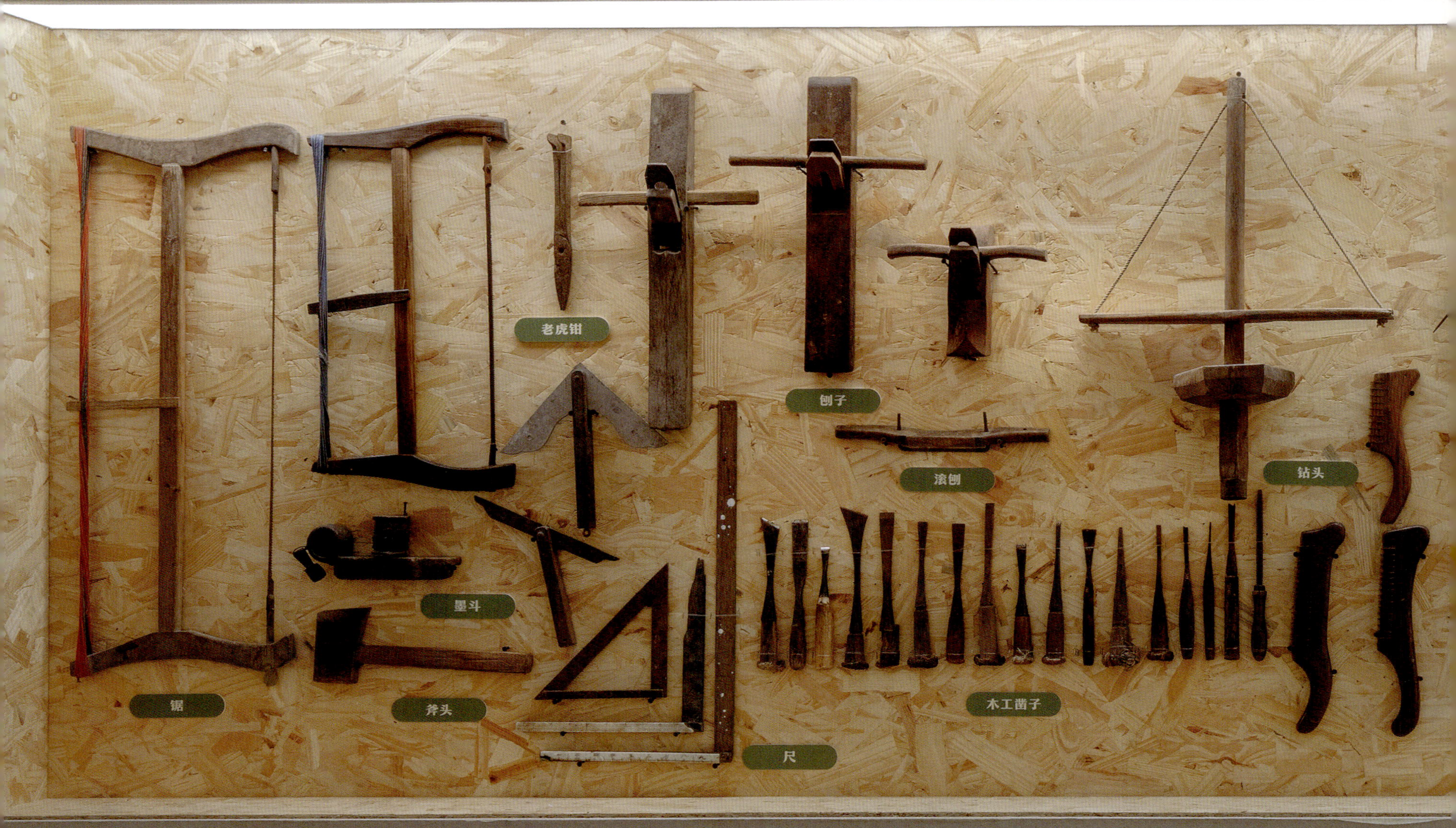

边刨
起线刨
起线耪
雕花木榔锄
雕花凿子
刮刀

第二单元

SECTION TWO

器以载道

CULTURAL CARRIER

家具不仅是一种生活器具，更是中国传统文化丰富的物质载体。明清家具的一几一榻、一桌一柜、一棱一角、一转一折，都蕴含着深厚的文化内涵，体现了等级分明的礼制文化、清新典雅的文人文化和兼收并蓄的地域文化，反映了古人的礼制思想、审美观念。

Furniture is not only a kind of living utensil, but also a rich material carrier of traditional Chinese culture. The furniture of the Ming and Qing dynasties contains profound cultural connotations, embodies the hierarchical etiquette culture, the fresh and elegant literati culture and the eclectic regional culture, reflecting the etiquette ideas and aesthetic concepts of ancient China.

原状陈列

明清宫殿中，宝座一般陈设于皇帝和后妃寝宫的正殿明间。后面放一架较大的屏风，前设宝座、御案，两边设宫扇、甪端、香筒、香几等。通常采用对称手法布置，以示庄重、威严。

10

紫檀嵌珐琅凤纹带托泥宝座

Zitan Wood Throne with Champlevé Enamel Panels and Continuous Floor Stretcher

清中期

长115、宽76.7、高128.5厘米

颐和园藏

紫檀木制。靠背、座面、扶手攒框装芯。攒框外沿饰番莲卷草纹，内嵌錾胎珐琅芯。靠背板芯饰“福庆有余”纹、凤纹和缠枝花卉纹，座面板芯饰锦地花卉纹，扶手板芯饰螭龙纹。面下有束腰，牙板与腿部浮雕卷草花卉纹及如意云头纹。直腿，足下承托泥带龟脚。此宝座用料规范，为典型清式风格宫廷家具。

11

紫檀嵌珐琅夔龙纹脚踏

Zitan Wood Footstool with Enamel *Kui* Dragon Pattern

清（1644～1911年）

长74.8、宽32.3、高16.5厘米

颐和园藏

紫檀木制。踏面攒框，镶嵌夔龙卷草纹珐琅板芯。踏面与板足腿暗榫相连，肩部做倭角，两侧板足腿与横枨攒框起线，底足向内翻卷。牙板铲地雕蝙蝠纹，两侧内翻与底足相抵。此脚踏用珐琅装饰，色彩艳丽，与紫檀沉静肃穆的色调形成鲜明对比，是凝重与灵动的完美结合。

12

紫檀嵌珐琅花鸟纹座屏

Zitan Wood Screen Set in a Stand with Champlevé Enamel Panels

清中期

长 353、宽 37、高 320 厘米

颐和园藏

紫檀木制。顶部毗卢帽及两侧站牙刻夔龙纹与卷草纹，正中两面雕刻蝙蝠衔寿磬纹。中部为木框錾胎珐琅屏芯，绘花鸟洞石图，共五扇，每扇上下绦环板分别铲地雕五蝠捧磬和双螭捧磬纹。屏芯背面为楠木制，上下绦环板雕番莲纹，中心背板顶行刻“万寿无疆”四字篆书，其余板芯共刻九十九个不同字体的寿字。底座为三联“八”字形须弥座式，上下雕如意云纹，中间以宝瓶为界铲地雕刻卷草纹。此屏风造型庄重，装饰繁复，是清代宫廷家具的经典之作。

明清宫廷家具制作机构及流程——

明代，由御用监专职造办宫廷所需围屏、床榻等木器，此外，还在司礼监内设置御前作，专门为内廷制作各类漆木家具。清初，承袭明制，康熙时成立清宫造办处，下设油木作，以漆木家具为主。乾隆元年（1736年）油木作中独立分出广木作，与油木作、珐琅作一起共同承担木工活计。

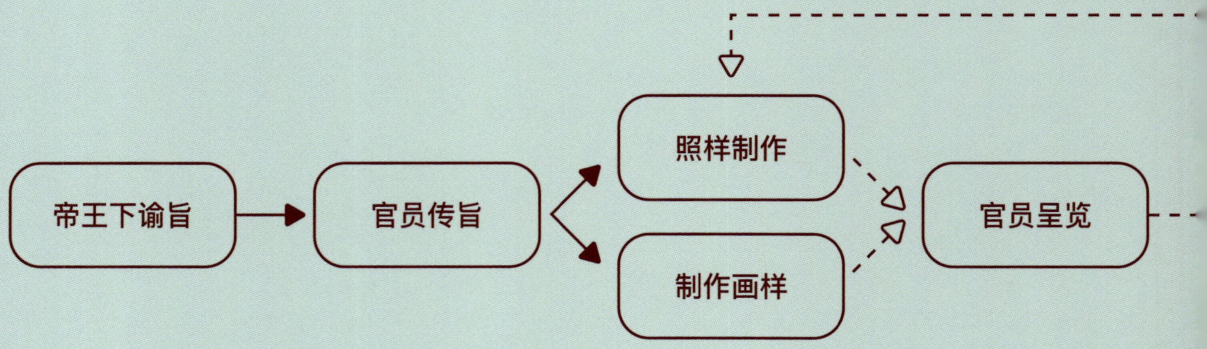

乾隆十六年十月

十一日，员外郎白世秀来说，太监胡世杰交花梨木六方座一件，方壶胜境有地方，传旨：照样做紫檀木座一件。钦此。

于本月二十二日，员外郎白世秀将照样做得紫檀木六方座一件持进交太监胡世杰呈进，奉旨：此座子样款做的不合适，着将东西腰出另合款式配座。钦此。

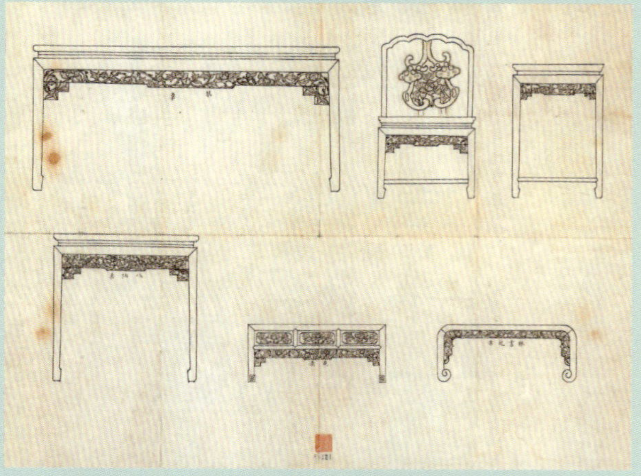

圆明园月台前平台式清秀亭内檐装修书案桌椅图样

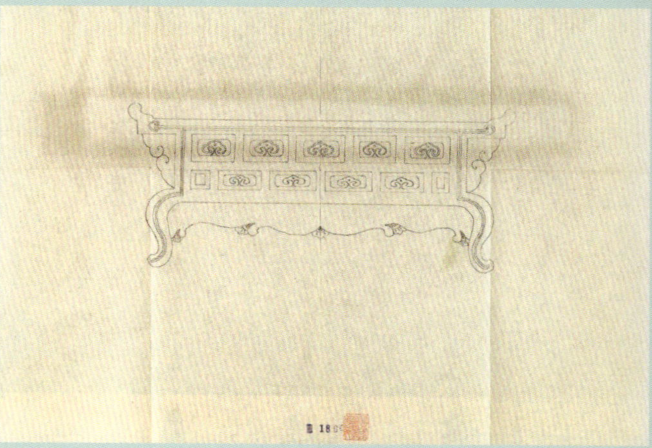

颐和园佛香阁供桌立样

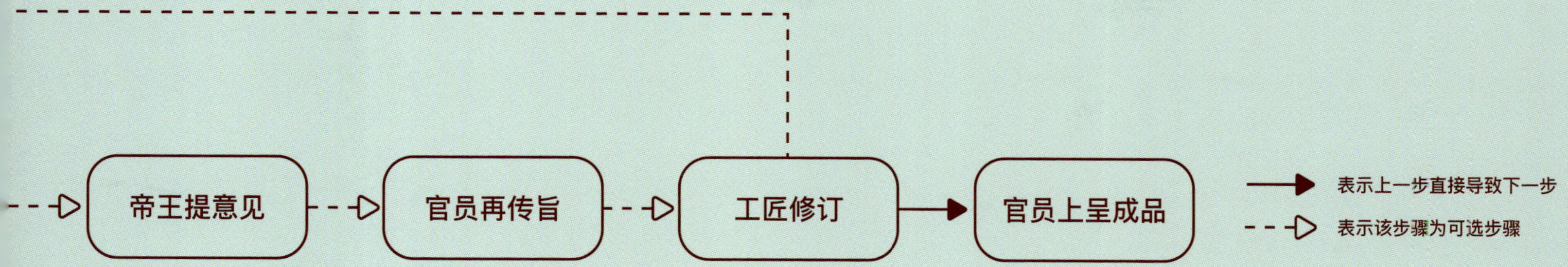

帝王提意见
官员再传旨
工匠修订
官员上呈成品
表示上一步直接导致下一步
表示该步骤为可选步骤

画得甚蠢，再精细些。
照这个画样做吧！
朕心甚慰！

乾隆十七年三月

初六日员外郎白世秀来说，太监胡世杰传旨：乐安和著照秀清村半出腿插屏做法一样，做紫檀木半出腿插屏一件。钦此。

于本月初十日，员外郎白世秀将画得半出腿插屏纸样一张持进交太监胡世杰呈览，奉旨：插屏不要裙板，通长贴画，再楼下做紫檀木玻璃镜插屏一件，要安裙板。钦此。

于六月初五日，副司库六格将做得紫檀木半出腿插屏一件，持赴乐安和安讫。

乾隆十七年三月

三十日，员外郎白世秀来说，太监胡世杰传旨：清可轩现安自鸣钟香几，照样做香几一件，先画样呈览。钦此。

于四月初二日，员外郎白世秀将画得香几纸样一张持进交太监胡世杰呈览，奉旨：照样准做。钦此。

于八月十一日，员外郎白世秀将做得香几一件持进交太监胡世杰呈进讫。

——《清宫内务府造办处档案总汇》

宝座立样细底

屏风、宝座图样（颐和园藏）

天地有序

“礼者，天地之序”。在礼制思想的影响下，家具不仅是功能上满足人们日常起居的器具，还是使用者等级、地位及权力的物化表现。明清宫廷家具在用材、装饰、造型等方面都严格遵循制作规范，体现上下有别、尊卑有序、天子至尊的象征意义。

宝座
又称『御座』，是清代宫廷家具中最高等级的家具，陈设于皇家宫殿、园林、行宫中，为皇帝和后妃们专用。

五屏风
座面
束腰
牙板
鼓腿膨牙
腰圆形托泥
内翻马蹄

宝座

又称『御座』，是清代宫廷家具中最高等级的家具，陈设于皇家宫殿、园林、行宫中，为皇帝和后妃们专用。

13

红木雕九龙纹带座围有束腰带托泥宝座

Hong Wood Waisted Throne with Continuous Floor Stretcher and Carved Nine Dragons

清（1644～1911年）

长165、宽135、高170、底座高20.5厘米

颐和园藏

红木制。宝座三屏风式，靠背、扶手自上而下，内外各镂雕九条龙。靠背下开一长方形亮洞，用于镶嵌其他材质饰片。座面攒框装芯，束腰铲地雕云龙纹，上下托腮刻仰覆莲瓣纹。四足膨起，腿足与牙板均雕变体龙首纹。底足内收，作龙爪踩珠状。下带长方形底座，束腰刻云龙海水宝珠纹，上下雕仰覆莲纹。此宝座体形硕大，现置于仁寿殿，为帝王勤政陈设。

14

紫檀雕云龙纹有束腰带托泥宝座

Zitan Wood Waisted Throne with Continuous Floor Stretcher and Carved Dragons and Clouds

清（1644～1911年）

长126、宽93、高131厘米

颐和园藏

紫檀木制。宝座三屏风式，扶手、靠背攒框装芯，自上而下做倭角排列，内外各透雕九条龙，相间宝珠纹和海水江崖纹。座面攒框，其下仰覆莲瓣托腮间束腰铲地雕龙纹与宝珠纹。三弯腿，腿足与牙板间满饰龙纹，足底外翻如意云头纹。底足下带长方形底座，束腰，上下雕仰覆莲瓣纹，中间雕番莲纹。此宝座雕饰繁缛、奢华大气，现置于乐寿堂。

15

紫檀雕夔凤团寿纹五屏式有束腰带托泥宝座

Zitan Wood Waisted Five-Panel Throne with Dragons and Phoenixes Holding a Longevity Roundel

清早期

长 112，宽 64.5，高 112.5 厘米

颐和园藏

紫檀木制。宝座五屏风式，座面呈腰圆形，靠背和扶手随座面形状向内环抱。攒框装芯板，双面铲地高浮雕夔凤衔团寿纹。宝座下承六条双劈料变体马蹄腿，俗称“花马蹄”，鼓腿膨牙。下承腰圆形托泥，与座面形状相应。该宝座制作用材颇费，靠背装芯、宝座腿和牙板使用从大料整挖的独板，不拼不接。

交椅
由东汉胡床演变而来，以椅腿交叉可以折叠而得名，便于游牧民族使用，后逐渐发展为皇帝出行仪仗卤簿中所用之物。明清时期皇室官员等外出巡游、狩猎活动中常携带，以备临时休息之用，此外，室内陈设中交椅也常作为主人位，即贵宾椅。
官帽椅
按形制可分为四出头官帽椅和南官帽椅，多为文人常用的坐具，置于书房内。四出头官帽椅的搭脑和扶手的前端长出椅柱；南官帽椅的搭脑和扶手与椅柱结合不出头，且与椅柱为圆角式，因在江南流行，故称『南官帽椅』。

搭脑
靠背板
后腿（上截）
联帮棍
座面
角牙
鹅脖（前腿上截）
扶手
抹头
大边
券口牙子
牙条
牙头
前腿（下截）
后腿（下截）
步步高赶枨
踏脚枨
圈椅
由交椅演变而来，上圆下方的形制体现了『致中和，天地位焉，万物育焉』的中国传统思想。一般成对陈设于室内正屋八仙桌的两侧。

交椅

由东汉胡床演变而来，以椅腿交叉可以折叠而得名，便于游牧民族使用，后逐渐发展为皇帝卤薄中所用之物。明清时期皇室官员等外出巡游、狩猎活动中常携带，以备临时休息之用。此外，室内陈设中交椅也常作为主人位、贵宾位。

16

金漆交椅

Gold Lacquered Folding Armchair

清中期

通长 72.5、通宽 57、通高 101 厘米

天坛公园藏

楠木胎髹漆，弧形椅圈自搭脑伸向两侧，顺势而下形成扶手与腿足相接，椅圈三接，榫接处以铜活装饰，扶手外撇，三攒式靠背，上下装金漆花板，如意形开光内镂雕卷草纹。中间装双龙捧珠纹金漆花板，龙珠膨大。扶手弯曲箕张，伸探出头，尽端外撇。腿足与扶手间用云纹角牙相接。座面为皮质软屉，腿足交叉形成折叠结构，交叉处贯以铜枢，足底有梯形横枨。前腿处安脚踏，踏面下带有通长的云纹牙条，两侧垂下与底枨相连。此交椅通体髹红漆，靠背及角牙描金，主要构件的交接、转弯部位及部分榫卯结合处，均镶铜鎏金饰件加固。为清代大驾卤薄中皇帝专用。

官帽椅

按形制可分为四出头官帽椅和南官帽椅，多为文人常用的坐具，置于书房内。四出头官帽椅的搭脑和扶手的前端长出椅柱；南官帽椅的搭脑和扶手与椅柱结合不出头，且与椅柱为圆角式，因在江南流行，故称『南官帽椅』。

17

黄花梨大南官帽禅椅

Huanghuali Wood Continuous Yokeback Meditation Armchair

明（1368～1644年）

长76.8、宽63.5、高127厘米

颐和园藏

黄花梨木制，通体光素无雕饰。此椅用料厚实，气势恢宏，各部比例恰当。搭脑、靠背板、扶手等部位曲线优美，增添了入座的舒适度。座面用藤屉，座面下施方形券口素牙板，圆腿直足，装步步高管脚枨。此椅用材讲究，工艺精致，造型简明隽美，既彰显皇家风范，又具备文人情趣。

18

黄花梨四出头官帽椅

Huanghuali Wood Yokeback Armchair

明（1368～1644年）

长65、宽58、高120厘米

颐和园藏

黄花梨木制。搭脑中间凸起，两端弯曲上翘，靠背略向后弯曲。椅子后腿上截出榫纳入搭脑，穿过椅盘成为腿足，一木连做。扶手与联帮棍皆为三弯的“S”形，舒展流畅。鹅脖与前腿也是一木连做，并与扶手间安角牙。椅面原为藤屉，面下为壶门式券口牙子。腿间有管脚枨。此椅造型简练明快，弯曲中见端正，朴素中显大气。

19

紫檀嵌铜花福寿长庆纹扶手椅

Zitan Wood Armchair with Gilt Copper Inlay

清中期

长 70、宽 52、高 114.5 厘米

颐和园藏

紫檀木制。搭脑和扶手透雕卷草纹。靠背板浮雕勾卷云纹，上部镶嵌铜鎏金磬及流苏，内刻番莲纹；中部镶嵌铜鎏金饰片，刻五福捧寿纹。椅面下束腰，牙板与腿相交处起阳线，腿内镶拐子纹牙条。直腿，足间安管脚枨，足底内翻回纹马蹄。此椅装饰繁复，座面与座椅高度接近，给人以稳重大方之感。

20

紫檀福寿纹有束腰扶手椅

Zitan Wood Waisted Armchair with Happiness and Longevity Motifs

清（1644～1911年）

长64.3、宽53、高116厘米

颐和园藏

紫檀木制。靠背顶部为后倾如意云头状搭脑，背板与搭脑正面铲地雕刻蝙蝠口衔一对带流苏的寿桃，寓意“福寿延绵”。背板两侧与扶手内边均透雕夔龙纹牙子，且均有横枨装饰，扶手中间作绳结状，下部饰透雕如意云卡子花。攒框装芯，光素座面，面下有高束腰，直牙板下有夔龙纹罗锅枨。腿、牙内侧起阳线并交圈，腿间有四面平管脚枨，枨下有券口牙子。

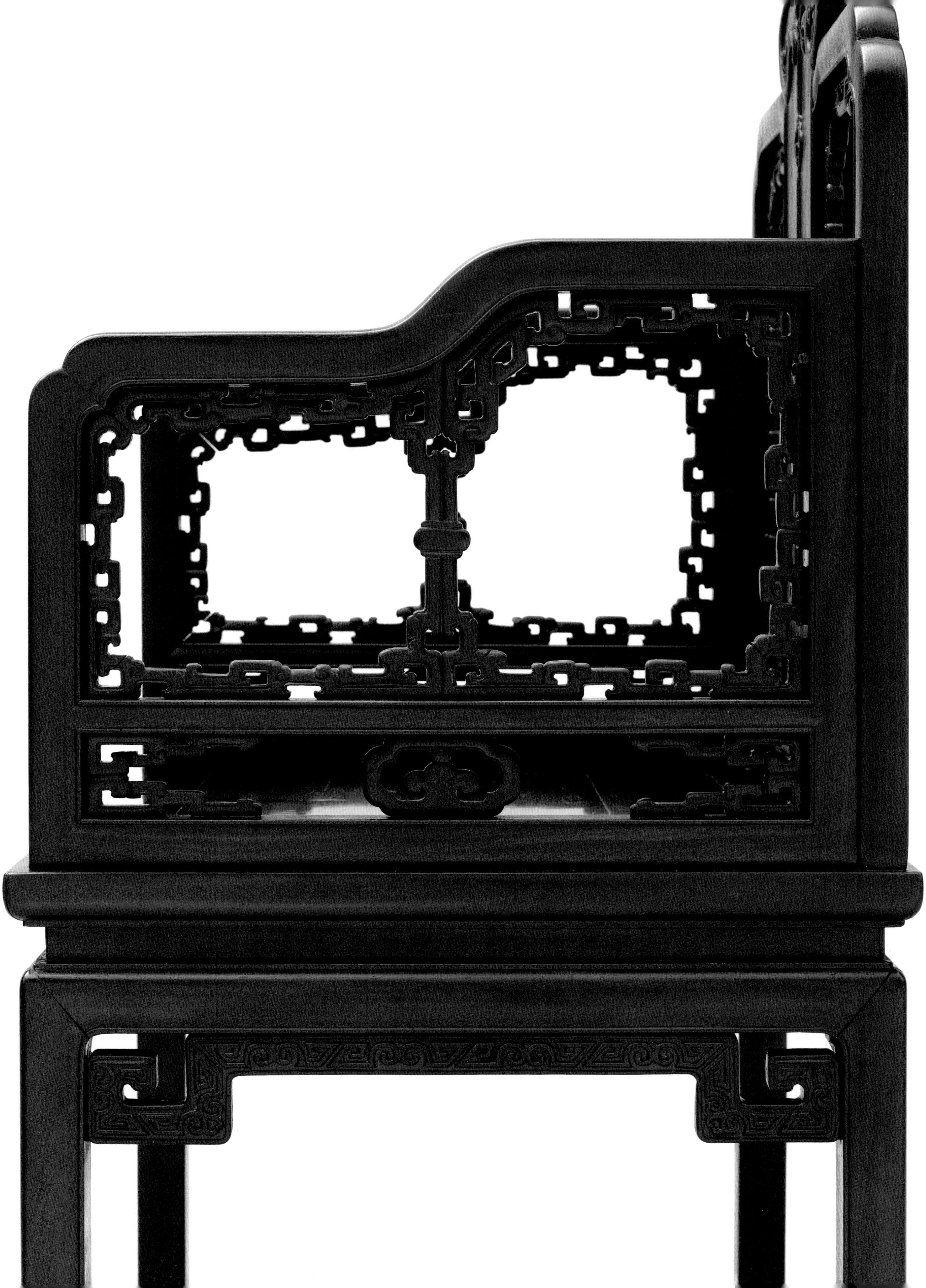

圈椅

由交椅演变而来，上圆下方的形制体现了『致中和，天地位焉，万物育焉』的中国传统思想。一般成对陈设于室内正屋八仙桌的两侧。

21

楠木福寿纹有束腰三弯腿带托泥圈椅

Nan Wood Waisted Roundback Armchair with Cabriole Legs and Happiness and Longevity Motifs

清（1644～1911年）

长73、宽65、高101厘米

颐和园藏

楠木制。弧形椅圈自搭脑伸向两侧，通过后边柱顺势而下形成扶手。靠背板呈“S”形，铲地雕刻蝙蝠口衔团寿纹带流苏。扶手做曲线造型，与座面间安联帮棍，伸探出头，尽端外撇。鹅脖与扶手间用角牙相接。座面攒框装芯，下接束腰，牙板雕卷草纹。腿足做三弯腿，底足雕刻兽爪踩宝珠。下承托泥带龟脚。

杌凳
无靠背的便携式小型坐具，适用于厅
堂、院落等各种空间。凳包含有束腰和无束
腰两种类型，依形态可分为方凳、长凳、圆
凳等；墩，又称『绣墩』，多为鼓形且有开
光，有圆形、海棠形、梅花形、多角形、瓜
棱形等。

杌凳

无靠背的便携式小型坐具，适用于厅堂、院落等各种空间。凳包含有束腰和无束腰两种类型，依形态可分为方凳、长凳、圆凳等；墩，又称『绣墩』，多为鼓形且有开光，有圆形、海棠形、梅花形、多角形、瓜棱形等。

22

紫檀嵌铜玉有束腰带须弥座六方凳

Zitan Wood Waisted Hexagonal Stool with Buddhist Pedestal and Copper and Jade Inlays

清中期

长 37.5、宽 43.5、高 45.5 厘米

颐和园藏

紫檀木制。凳面六边形，攒框装芯，高束腰，六足，鼓腿膨牙，腿足棱角与座面对应，带六角托泥，束腰打洼，下装六个龟脚。凳面下束腰，起线开光，开光内嵌青玉雕回纹玉片。托腮下面六处披肩嵌铜鎏金螭虎纹云头包角。圈口如意云头为铲地浮雕，起双线，贯通上下牙板，所有双线内均嵌青玉雕回纹玉片。腿下装有双层底座，底座中间束腰打洼，下有龟脚。该凳具有尼泊尔、藏式覆钵式塔造型风格特点。

23

紫檀透雕如意番莲纹四开光绣墩

Zitan Wood Drum Stool with Four Openings

清中期

面上直径 27、中直径 38、高 52 厘米

颐和园藏

紫檀木制。此绣墩造型高挑，曲线优美，凳面攒框装芯，上下牙板和腿足浮雕拐子纹及宝珠纹，开光内装透雕绳挂“四聚如意”纹卡子花，造型生动流畅，在构图上融汇了中西方艺术特点。此绣墩用材取自大料，雕工精湛，打磨细致，榫卯严谨。

24

紫檀嵌珐琅有束腰带托泥方凳

Zitan Wood Waisted Square Stool with Enameled Copper Seat and Continuous Floor Stretcher

清中期

边长42、高52厘米

颐和园藏

紫檀木制。方凳座面攒框镶嵌铜胎珐琅饰板，色彩艳丽，与紫檀沉穆的色调形成鲜明对比。此凳束腰铲地起线开双鱼门洞，两个鱼门洞中间浮雕花卉，结合束腰边角铲地起线雕成如意云头。三碰肩雕云头，角牙板铲地起线雕宝珠纹，下挂透雕拐子龙纹牙条与托角牙子。卷云纹马蹄腿，下承托泥并四个龟脚。此凳汲取了清宫内檐装饰中落地罩及垂花门的装饰特点，稳重大气。

25

紫檀透雕螭龙纹有束腰六方凳

Zitan Wood Waisted Hexagonal Stool with Openwork Hornless Dragons

清中期

长 35.5、宽 41、高 51.2 厘米

颐和园藏

紫檀木制。凳面六边形，攒框装芯，高束腰，腿足与牙板及管脚枨与座面对应形成六个攒框，足下装龟脚。攒框中装紫檀整板透雕螭龙纹花板。此凳用材考究，加工精细，座面穿带等所有暗面都倒棱，凳腿与牙板及管脚枨连接处皆挖圆嘴子，做工讲究。

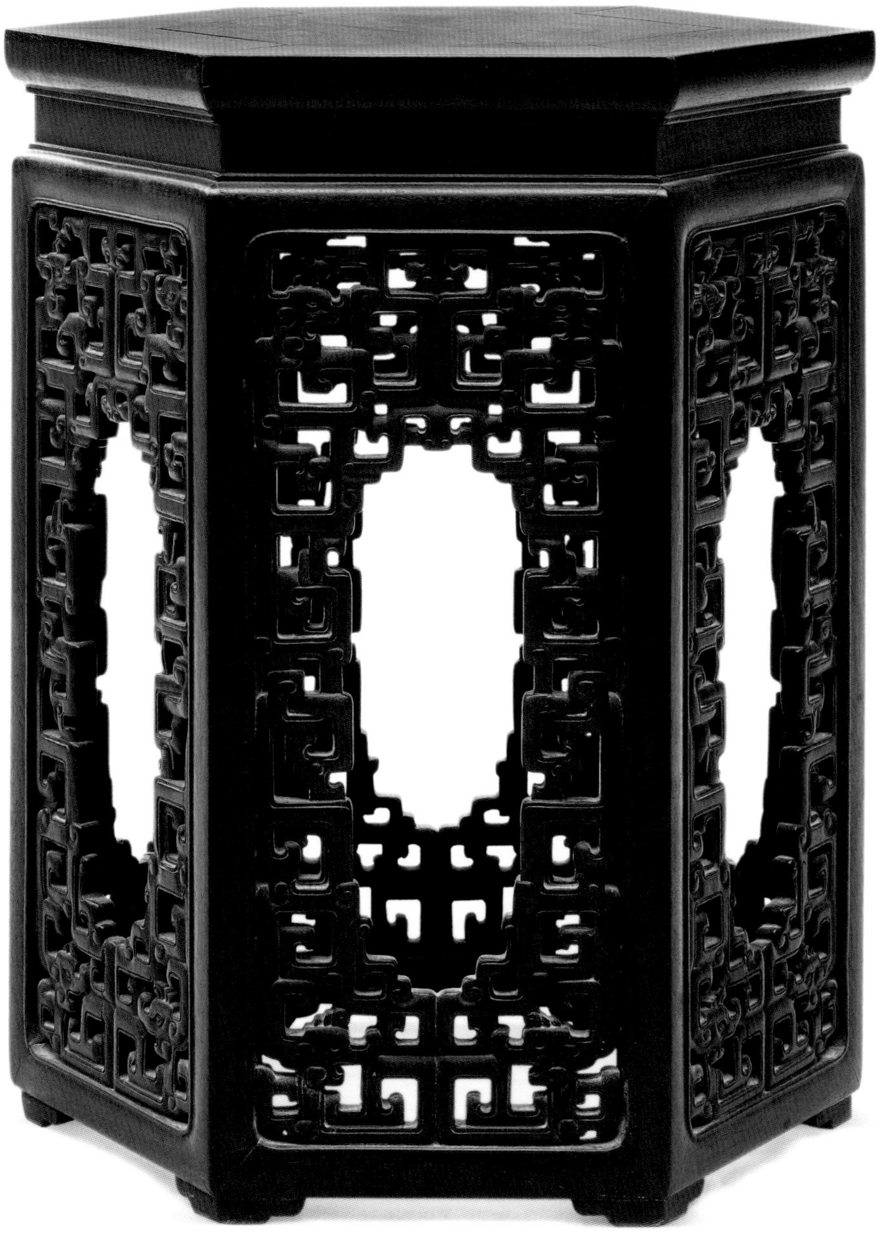

26

楠木嵌青花瓷面有束腰带托泥圆凳

Nan Wood Waisted Round Stool with Porcelain Seat and Continuous Floor Stretcher

清早期

面直径 41、中直径 44、高 49.5 厘米

瓷直径 29、瓷板厚 4.8 厘米

颐和园藏

楠木制。楠木攒框，框内嵌青花螭龙纹瓷面。座面下束腰，鼓腿膨牙，牙条抱肩榫。四腿下端格肩榫与托泥结合，形成四个壸门开光。足端带蹼，托泥下饰龟脚。此圆凳为八件，现故宫博物院、颐和园各存四件。

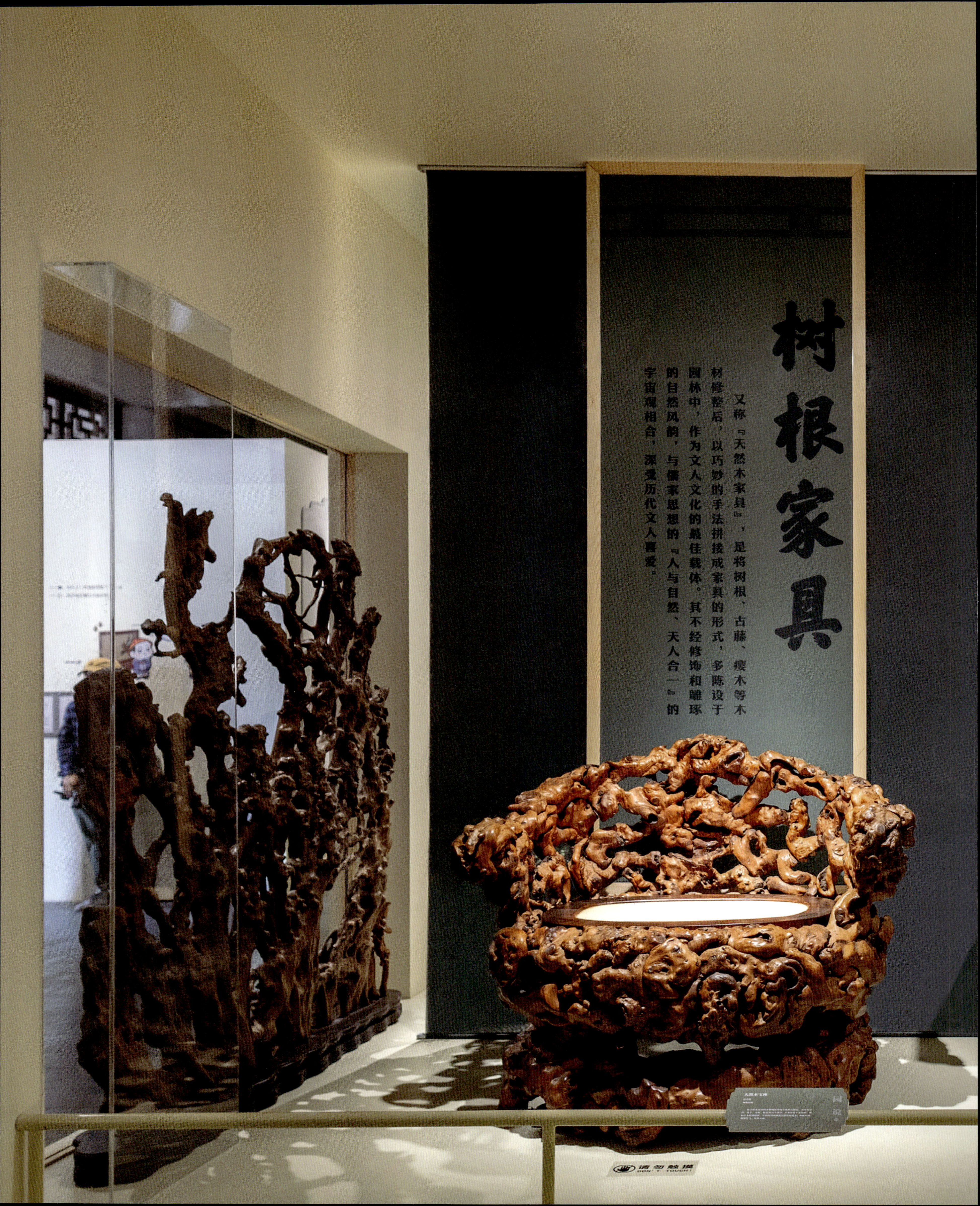
树根家具
又称『天然木家具』，是将树根、古藤、瘦木等木材修整后，以巧妙的手法拼接成家具的形式，多陈设于园林中，作为文人文化的最佳载体。其不经修饰和雕琢的自然风韵，与儒家思想的『人与自然、天人合一』的宇宙观相合，深受历代文人喜爱。
请勿触摸

桌案
桌多和椅凳配套使用，形制上比案略小，腿足多安在面板的四角处；案，古时多和『几』并称，呈长条形，四腿缩进案面，与桌区分。按形制桌可分为方桌、条桌、炕桌、酒桌、琴桌等；案可分为平头案、翘头案、架几案、画案、炕案、供案等。

寓清于雅

清代皇家园林中，家具与苑囿环境紧密相关，其材质、风格与建筑尺度、内檐装修、区域功能协调统一，很多家具的设计取意于文人的观念、生活方式与爱好追求，充满清雅隽丽的特点，体现文人出世的志趣逸致及对质朴天然的恬静生活的向往。

树根家具——

又称『天然木家具』，是将树根、古藤、瘿木等木材修整后，以巧妙的手法拼接成家具的形式，多陈设于园林中，作为文人文化的最佳载体。其不经修饰和雕琢的自然风韵，与儒家思想的『人与自然、天人合一』的宇宙观相合，深受历代文人喜爱。

27

天然木宝座

Burl Wood Throne

清中期

长 107、宽 100、高 91 厘米

颐和园藏

此宝座系采用树木根瘤依传统宝座样式制造，亦分为靠背、扶手、牙板、腿足等几个部分，五条短足下承托泥，座面红木框编藤席。宝座所用树根盘结扭转如虬龙，疏密有致，粗细得当，浑然天成。

28

天然木屏风

Burl Wood Screen

清中期

长 170、宽 26、高 158 厘米

颐和园藏

此屏风由枝干苍虬的木根随形制造，所用树根盘结扭转如扇面，疏密有致，粗细得当，浑然天成。树根下带有紫檀底座，底座长条形，随树根形状而成，面下有束腰，束腰下铲地雕刻卷草纹。整体依形度势，天然趣味十足，树根拼攒家具在选择材料时颇费心机，是稀少珍贵的家具。

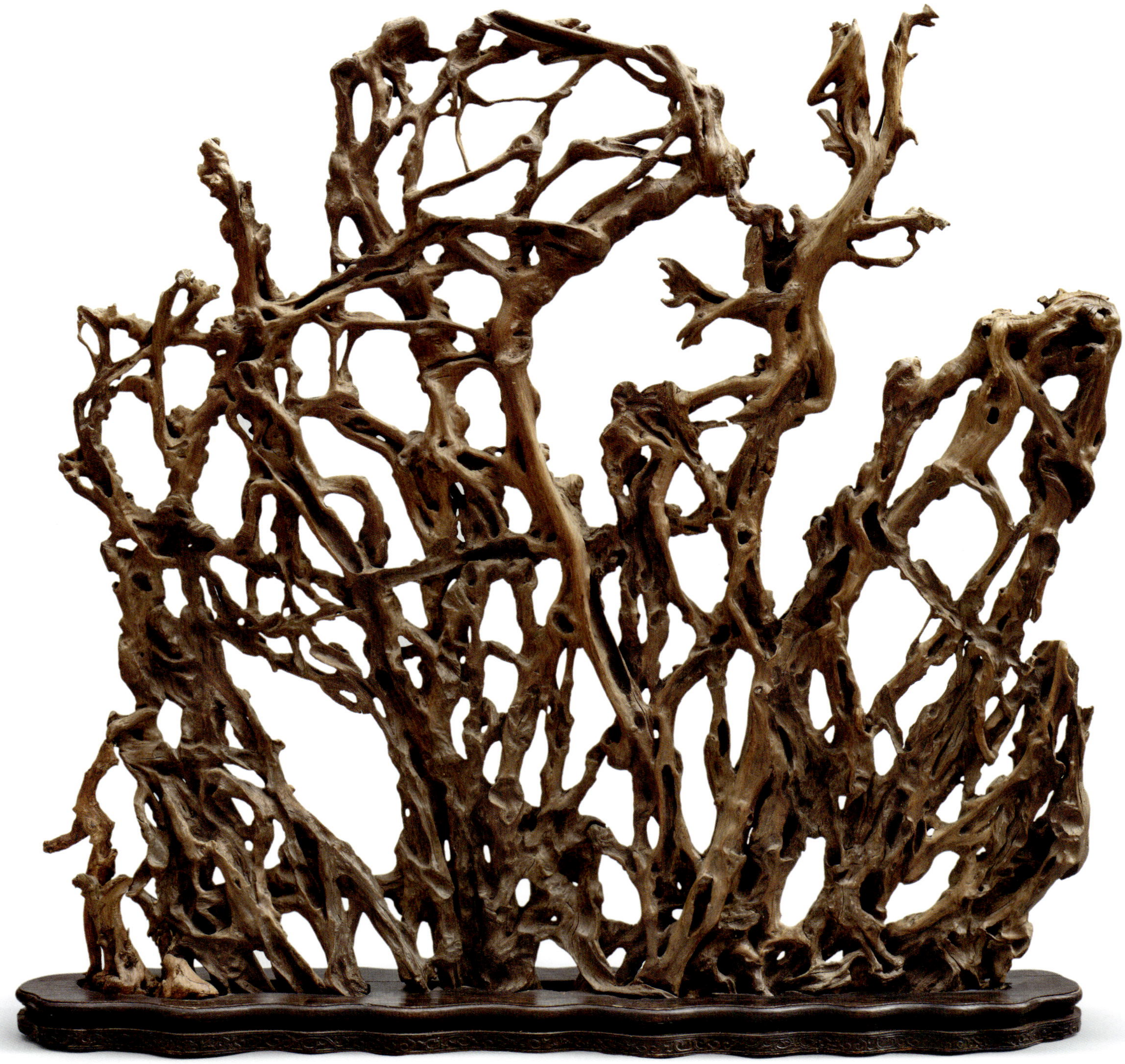

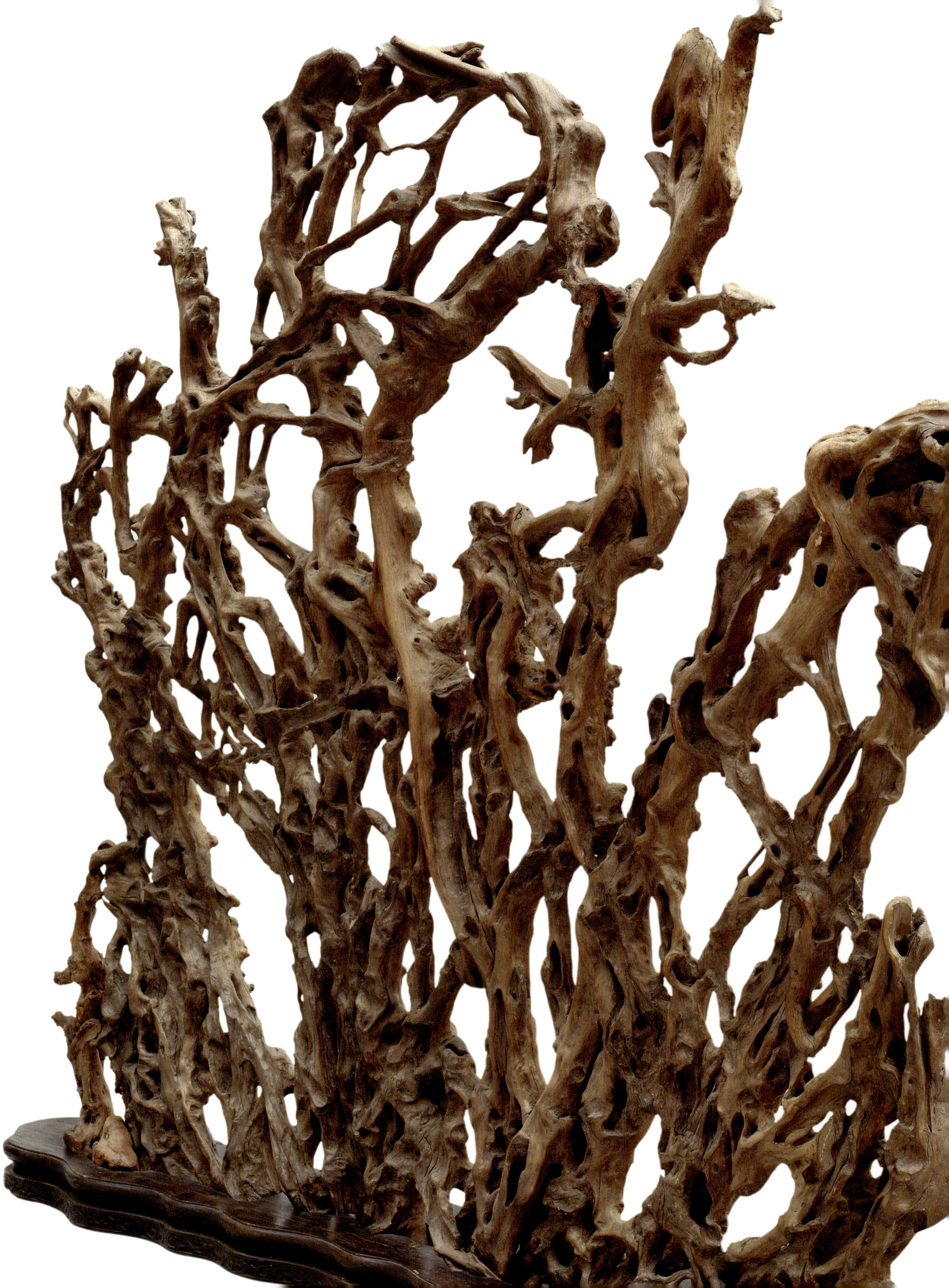

大边
面心
夹头榫
牙条
云纹牙头
腿足
圈口
托子

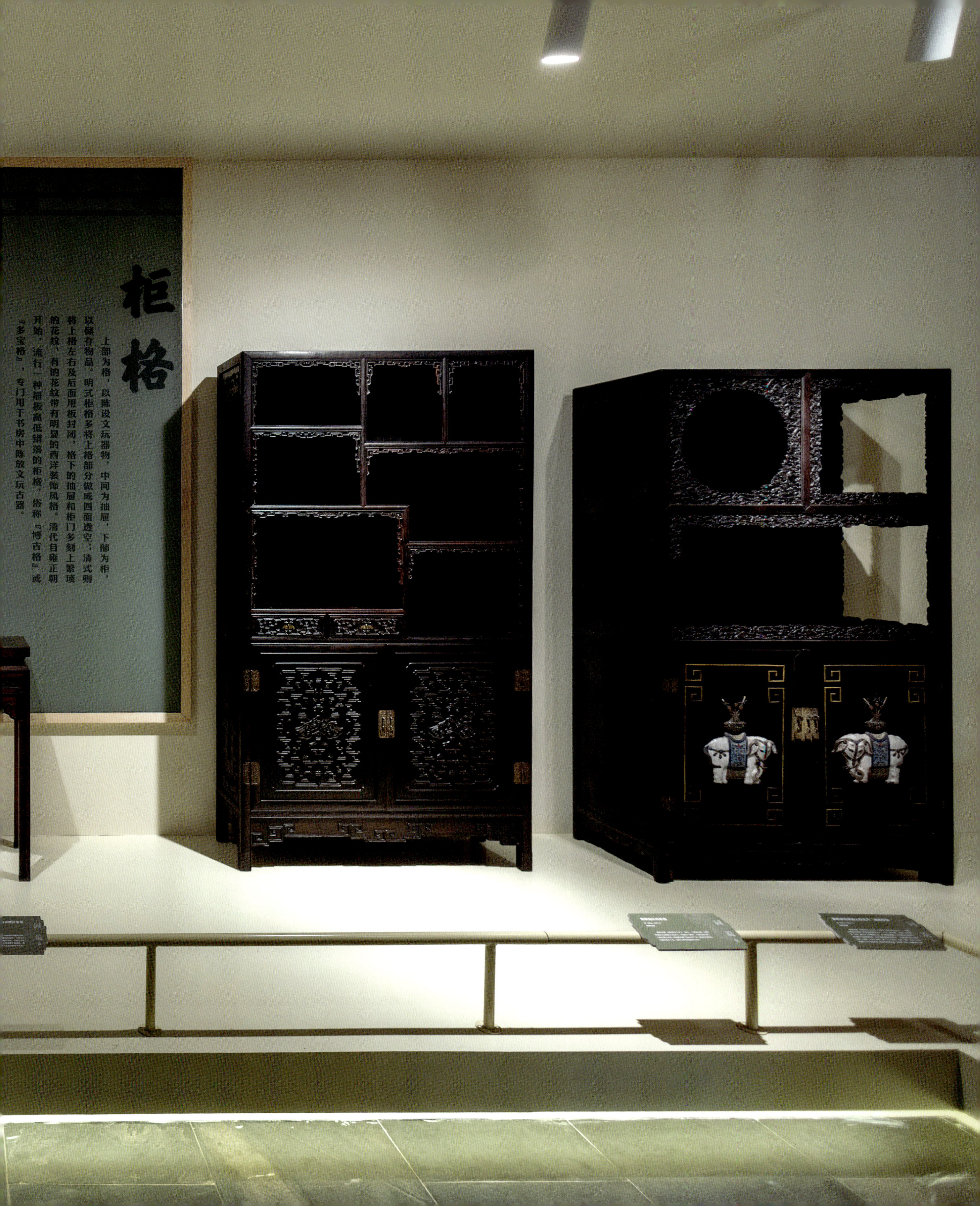
柜格
上部为格，以陈设文玩器物，中间为抽屉，下部为柜，以储存物品。明式柜格多将上格部分做成四面透空；清式则将上格左右及后面用板封闭，格下的抽屉和柜门多刻上繁琐的花纹，有的花纹带有明显的西洋装饰风格。清代自雍正朝开始，流行一种层板高低错落的柜格，俗称『博古格』或『多宝格』，专门用于书房中陈放文玩古器。

桌·案

桌多和椅凳配套使用，形制上比案略小，腿足多安在面板的四角处；案，古时多和『几』并称，呈长条形，四腿缩进案面，与桌区分。按形制桌可分为方桌、条桌、炕桌、酒桌、琴桌等；案可分为平头案、翘头案、架几案、画案、炕案、供案等。

29

鸡翅木嵌乌木丝回纹平头案

Jichi Wood Flat-Top Narrow Table with Recessed Legs and Ebony Rectangular Spiral Inlay

清中期

长191.6、宽45、高89.5厘米

颐和园藏

鸡翅木制。平头案夹头榫结构，面芯板用材为花梨木。直腿带托子下饰龟脚，面板边抹中部和案腿中部均镶嵌乌木条，牙头和牙板镶嵌用乌木条攒成的“连绵不断”纹，各镶嵌部分的乌木雕工顺滑平直，以鸡翅木为底装饰的乌木条极具立体精工和光感变化之美，此案颇具明代遗风。

30

黄花梨绳纹带托子平头案

Huanghuali Wood Flat-Top Narrow Table with Recessed Legs, Side Floor Stretchers, and Twisted Rope Pattern

清中期

长 179.5、宽 43.4、高 84.6 厘米

颐和园藏

黄花梨木制。平头案夹头榫结构，直腿带托子，装素圈口，案面立沿和案腿铲地起线，构成几何纹饰。此案牙板、牙头及堵头铲浮雕绞条，平行排列，线条走势明朗，蜿蜒迂回，穿插自如，好似细藤条镶嵌于平头案之上，于硬朗朴素之中引入婀娜变幻之趣。清代宫廷家具常常用模仿其他材质的手段来装饰，取其清雅之意。

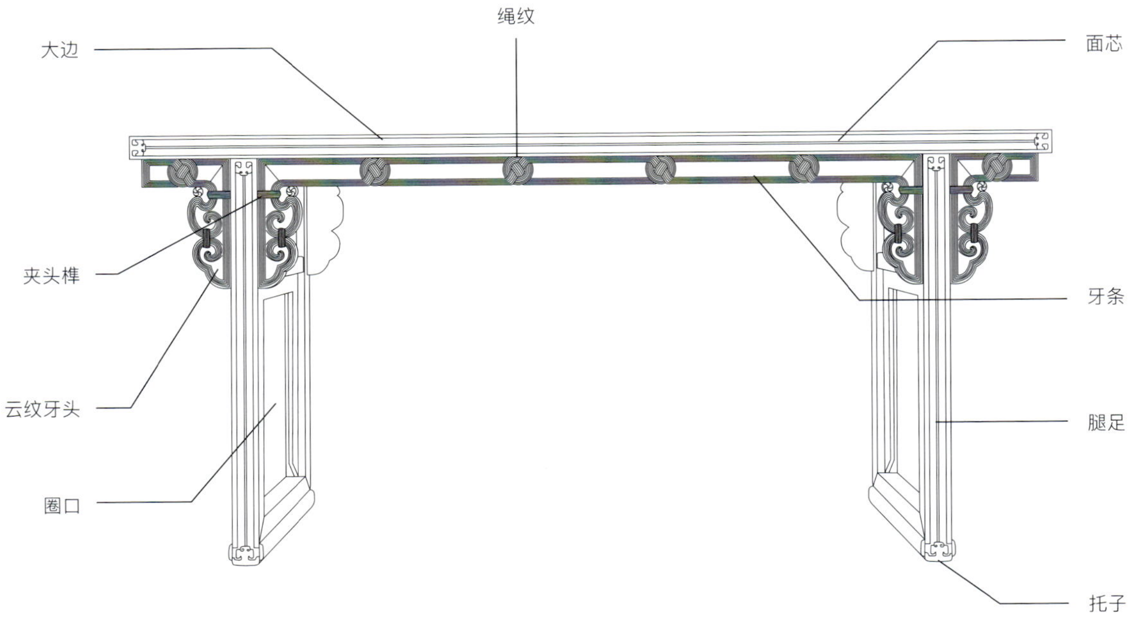
绳纹
大边
面芯
夹头榫
牙条
云纹牙头
腿足
圈口
托子

31

黄花梨嵌紫檀面方环纹有束腰长条桌

Huanghuali Wood Waisted Long Table with *Zitan* Wood Top

清中期

长 128、宽 38、高 85 厘米

颐和园藏

黄花梨木制。面板攒框装紫檀芯板，面下束腰镂挖透雕绳结纹。直牙板下配横枨，腿足与牙板正中用紫檀雕绳纹装饰，与四方直腿相交，另在腿足、牙板等内外沿镶嵌紫檀边条线。横枨与牙板装镂雕绳纹花牙板，枨下挂云纹角牙，角牙外缘雕铲地绳纹。此件长方桌用料繁复且工艺极其精细，是清代宫廷家具的经典作品。

柜格

上部为格，以陈设文玩器物，中间为抽屉，下部为柜，以储存物品。明式柜格多将上格部分做成四面透空；清式柜格则将上格左右及后面用板封闭，格下的抽屉和柜门多刻有烦琐的花纹，有的花纹带有明显的西洋装饰风格。清代自雍正朝开始，流行一种屉板高低错落的柜格，俗称『博古格』或『多宝格』，专门用于书房中陈放文玩古器。

32

紫檀福庆纹柜格

Zitan Wood Display Cabinet with Happiness and Celebration Motifs

清（1644～1911年）

长109、宽35、高194厘米

颐和园藏

紫檀木制。此柜格分上中下三部分：上部成七格，每格均饰以不同的拐子纹券口；中间设二抽屉；下部为双门柜，门板浮雕吉庆纹，两边侧山雕“福禄万代”纹。铜活均为铸造，并施以鋈金工艺，花纹与整体雕饰相互呼应。

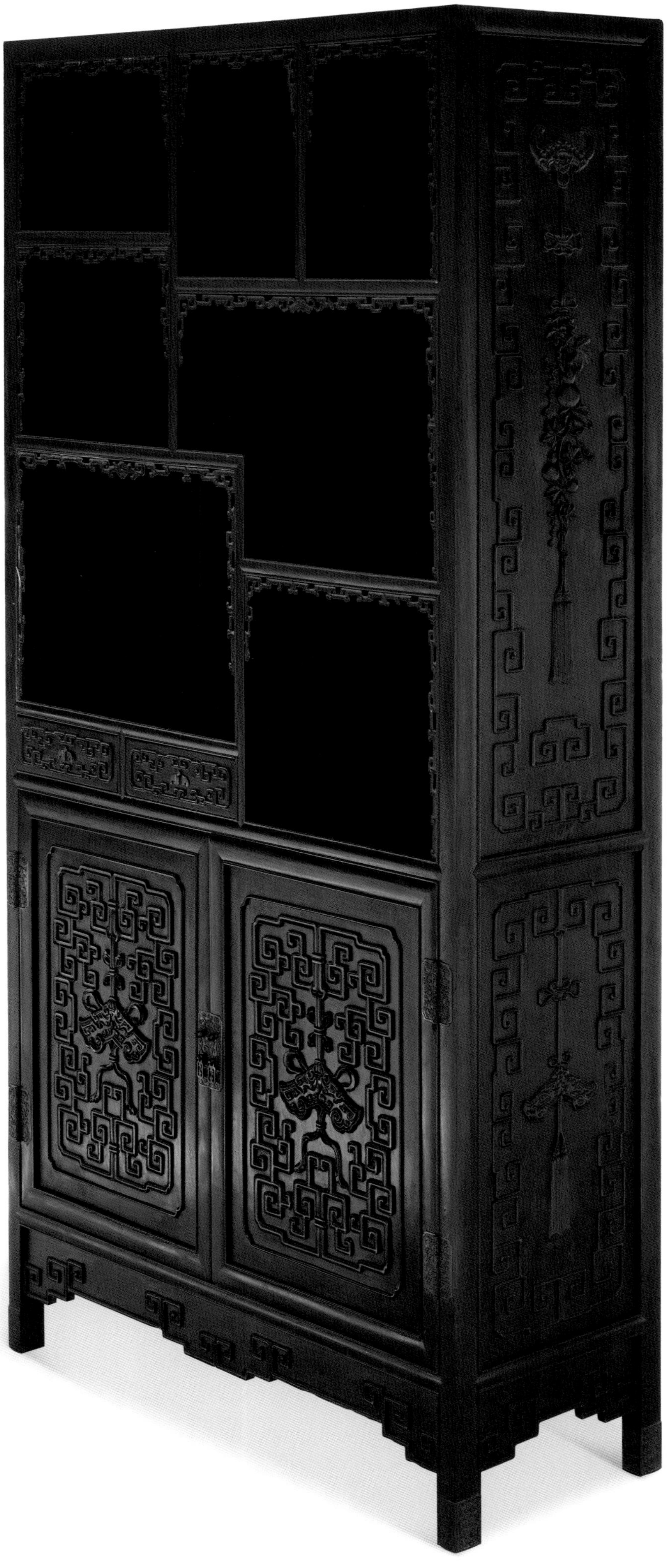

33

紫檀嵌珐琅福云纹连升三级图柜格

Zitan Wood Display Cabinet with Champlevé Enamel Inlay on Doors

清（1644～1911年）

长103、宽48、高185厘米

颐和园藏

紫檀木制。柜格齐头立方式，上部多宝格每格大小不一，正面分别饰有圆形与鱼肚形的圈口牙子；下层三面开敞，正面上下装牙条；牙条、圈口牙子均雕福云纹。多宝格两侧上下均装卷草纹圈口。底部柜门用铜线装饰，正中镶嵌錾胎珐琅饰片。珐琅饰件为白象驮宝瓶，内插三支方天画戟，取“太平有象，连升三级”之意。白象的披挂上另有福庆纹。铜活錾刻番莲纹。柜底挂牙板，亦雕饰福云纹。

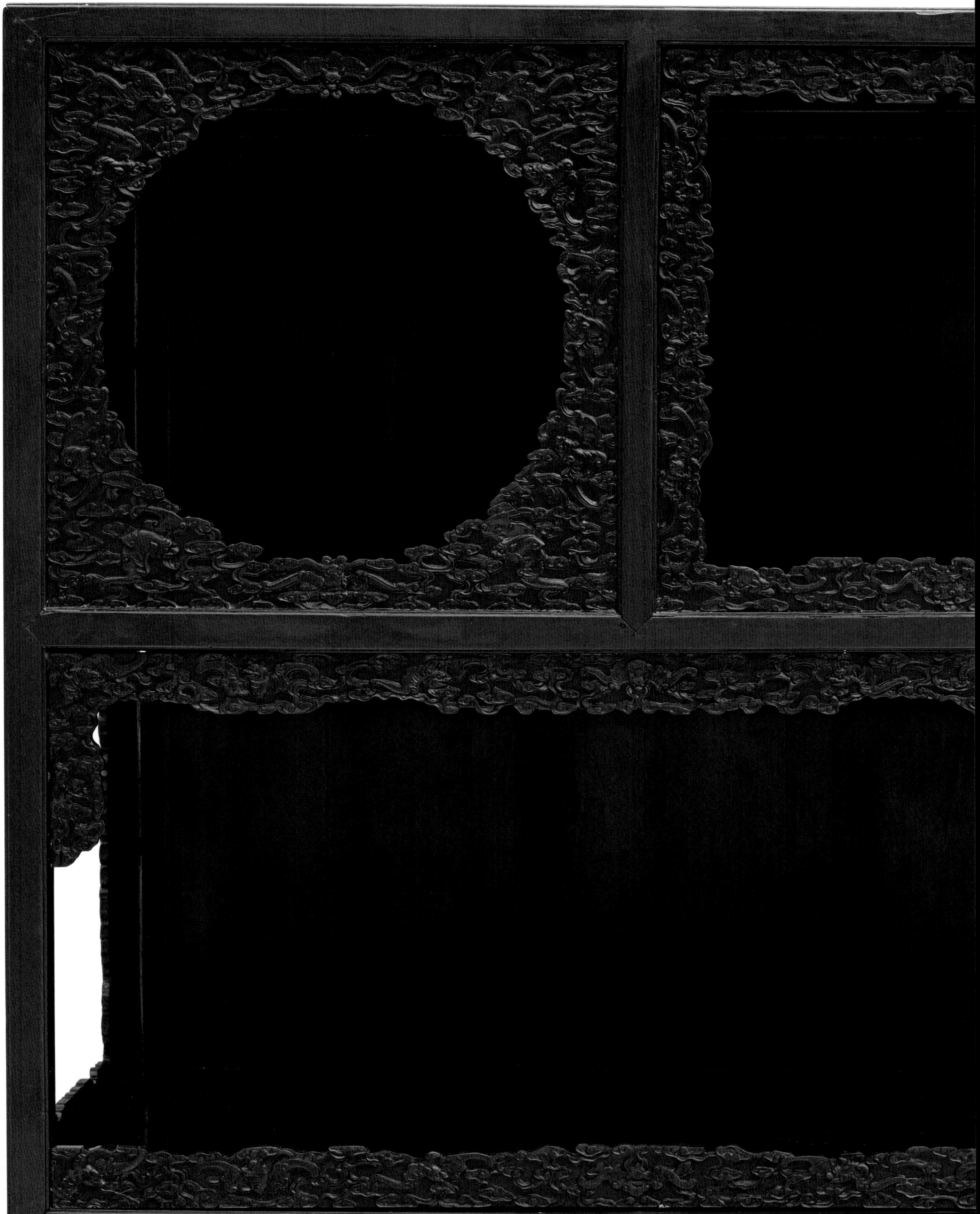

柜格

广作

广作家具主要产于广东，以广州为中心。广作家具吸收了西方家具的造型和装饰，以用料粗大、装饰豪华、中西合璧的风格著称。

苏作

苏作家具源于明清以来以苏州为中心的江南地区产的家具。明代苏作家具以造型优美、技艺高超、用料讲究、结构合理、比例尺寸适度、朴素大方为特点，进入清代，苏作家具风格开始向华丽不实转变。

京作

京作家具源于皇家宫廷造办处，其用料、风格介于广作和苏作之间，以体态宽大、造型端庄、装饰豪华气派为特征，充满了庄重正统的宫廷气息。

兼容并蓄

明清时期重视商业、手工业的发展，出现了多个家具制作中心，在地域上形成了“京作”“苏作”和“广作”三大流派，代表了别具特色的区域家具风格，反映了不同地区经济、文化的差异下家具使用与审美的多样化需求。

广作

广作家具主要盛产于广东，以用料硕大、体量敦厚为特征。明代广作家具朴实、大气；清代广作家具受西洋文化影响，雕饰繁缛华丽。

34

紫檀嵌木瓜纹细木芯有束腰带托泥宝座

Zitan Wood Waisted Throne with Fine Wood Panels and Continuous Floor Stretcher

清（1644～1911年）

长108.8、宽80.8、高112厘米

颐和园藏

紫檀木制。紫檀框攒装黄色细木板的靠背和扶手自上而下做倭角转折排列，造型流畅。正面浮雕木瓜、兰草等纹饰，两侧扶手攒装细木铲地高浮雕花鸟纹花板。高束腰雕变体云纹。牙板和如意式腿足铲地浮雕西洋花卉纹。下承托泥带龟脚。这是一件典型广式风格、融中西方纹饰于一体的清宫家具。

35

酸枝镶螺钿『粤东省城』款石面长几

Suanzhi Wood Long Table with Mother-of-Pearl Inlay and *Dali* Marble Top

清晚期

长 112、宽 54、高 97 厘米

广东省博物院藏

酸枝木制。桌面攒框镶大理石面芯，面下有高束腰，并用螺钿嵌出"粤东省城"四字，牙条甚宽直，四角牙头与桌腿抱肩榫相交，浮雕呲牙鼓眼形似狮头，长边牙条螺钿镶嵌分心花"南盛隆造"四字，牙条下方斗簇镂空云纹、瓣纹牙花。方形棱瓣腿，四脚雕鹰头式足。桌体木质部分通体用螺钿嵌出竹叶、兰花、梅花、缠枝莲纹及雀鸟纹。此几不仅造型精致典雅，且有款有号，为研究清代广式家具的典型代表。

粤東省城
南盛隆造

苏作

苏作家具指明清以来以苏州为中心的江南地区生产的家具。明代苏作家具以造型优美、线条流畅、用料讲究、结构合理、比例尺寸适度、朴素大方为特点。进入清代，苏作家具风格开始向华而不实转变。

36

鸡翅木双联式玫瑰椅

Jichi Wood Connected Rose Chair

清中期

长 109.5 宽 46.5、高 91 厘米

拙政园藏

鸡翅木制。此椅为双人座，双靠背的内层边框、座面和内侧前后两腿均连为一体，双靠背及扶手内侧均饰拐子纹券口，下设罗锅枨装饰。攒框装藤芯，椅面较宽，座面下饰双券口牙子。六腿足安步步赶枨。其造型特点为搭脑和扶手均不出挑，属攒靠背玫瑰椅，可供两人同坐。原珍藏于网师园，后移至苏州园林博物馆作陈列之用。

京作

京作家具源于皇家宫廷造办处，其用料、风格介于广作和苏作之间，以体态宽大、造型端庄、装饰奢华气派为特征，充满了肃穆正统的宫廷气息。

紫檀透雕卷草纹藤芯圈椅

Zitan Wood Roundback Armchair with Soft Mat Seat and Openwork Tendrils

清中期

长63、宽50、高99厘米

故宫博物院藏

紫檀木制，藤芯座面。面上四角立圆柱，两侧安牙条。三攒式靠背板，两侧嵌花牙相对，靠背板的上部落堂起鼓，锼雕一如意形卷草纹开光，下部为云纹亮脚。两侧各装锼雕卷草纹托角牙及座角牙。冰盘沿下有束腰，鼓腿膨牙。内翻马蹄，框式托泥带龟脚。此椅的新奇之处在于利用扶手外侧及马蹄里侧本该挖掉的部分木材，透雕一组卷草纹，与椅背上下呼应，造型简约而装饰得体，彰显了宫廷家具的风范。

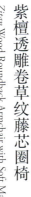

传统家具用材

榆木

紫榆有赤、白二种，白者别名枌，赤者与紫檀相似，出广东，性坚，新者色红，旧者色紫。今紫檀不易得，木器皆用紫榆。新者以水湿浸之，色能染物。

——清 徐珂《清稗类钞》

榉木

榉高数丈，叶作长卵形，端尖，有锯齿。花小，淡黄。材质坚固，木理秀美，可作箱箧、几案之用。

——清 徐珂《清稗类钞》

瘿木

出辽东、山西。树之瘿有桦树瘿，花细可爱，少有大者；柏树瘿大而花粗。

——明 曹昭《格古要论》

乌木

出南蕃。性最坚。老者纯黑色且脆，问道者嫩。

——明 曹昭《格古要论》

铁力木

出广东，色紫黑，性坚硬而沉重，东莞人多以作屋。

——明 曹昭《格古要论》

鸡翅木

出西蕃。其木一半紫褐色，内有蟹爪纹；一半纯黑，色如乌木。有距者价高。

——明 曹昭《格古要论》

楠木

楠木有三种，一曰香楠，二曰金丝楠，三曰水楠。南方者多香楠，木微紫而清香，纹美。金丝者出川涧中，木纹有金丝，向明视之，白烁可爱。楠木之至美者，向阳处或结人物、山水之纹。水楠色清而木质甚松，如水杨之类，惟可做桌凳之类。

——清 古应泰《博物要览》

酸枝木

紫榆，来自海舶，似紫檀，无蟹爪纹。刳之其臭如醋，故一名「酸紫」。

——清 江藩《舟车闻见录》

紫檀木

出海南、广西、湖广，性坚，新者色红，旧者色紫，有蟹爪纹。新者以水揩之，色能染物。

——明 曹昭《格古要论》

花梨木

出南蕃。紫红色，与降真香相似，亦有香。其花有鬼面者可爱，花粗而色淡者低。

——明 曹昭《格古要论》

白酸枝木（奥氏黄檀）

花梨木（大果紫檀）

金丝楠木

红酸枝木（交趾黄檀）

黄花梨木（降香黄檀）

紫檀木（檀香紫檀）

传统家具纹饰+残件

纹饰是传统家具设计的重要组成部分。明清家具雕刻纹饰种类繁多，有龙凤传统吉祥图案，也有抽象几何、鸟类、动物、植物等纹样。这些纹饰的艺术特色与文化特征相融合，反映了古人的设计理念及对美好事物的向往和追求。

下瑞：泛指各种植物，如牡丹、灵芝、荷花、梅、兰、竹、菊等。

中瑞：泛指各种飞禽，如鸳鸯、孔雀、锦鸡、蝙蝠等。

上瑞：泛指各种动物，如白鹿、象、白熊、仙鹤等。

大瑞：泛指各种自然现象，如海水、日、月、星辰、云等。

佳瑞：指最高等级的祥瑞，如龙、凤、麒麟、狮子等神兽。

17 世纪，随着东西方文化的交流与融合，大量的外销橱柜、屏风、牙角雕刻等传入西方，对西方家具产生了影响，西方艺术的审美特征与清代审美取向不谋而合，与此同时清式家具在造型、纹饰、装饰、风格等方面也发生了变化。多宝柜、独梃桌等家具器形出现，开启了新的社会生活风尚；珐琅镶嵌、玻璃油画等技法的运用，丰富了古典家具的装饰形式。

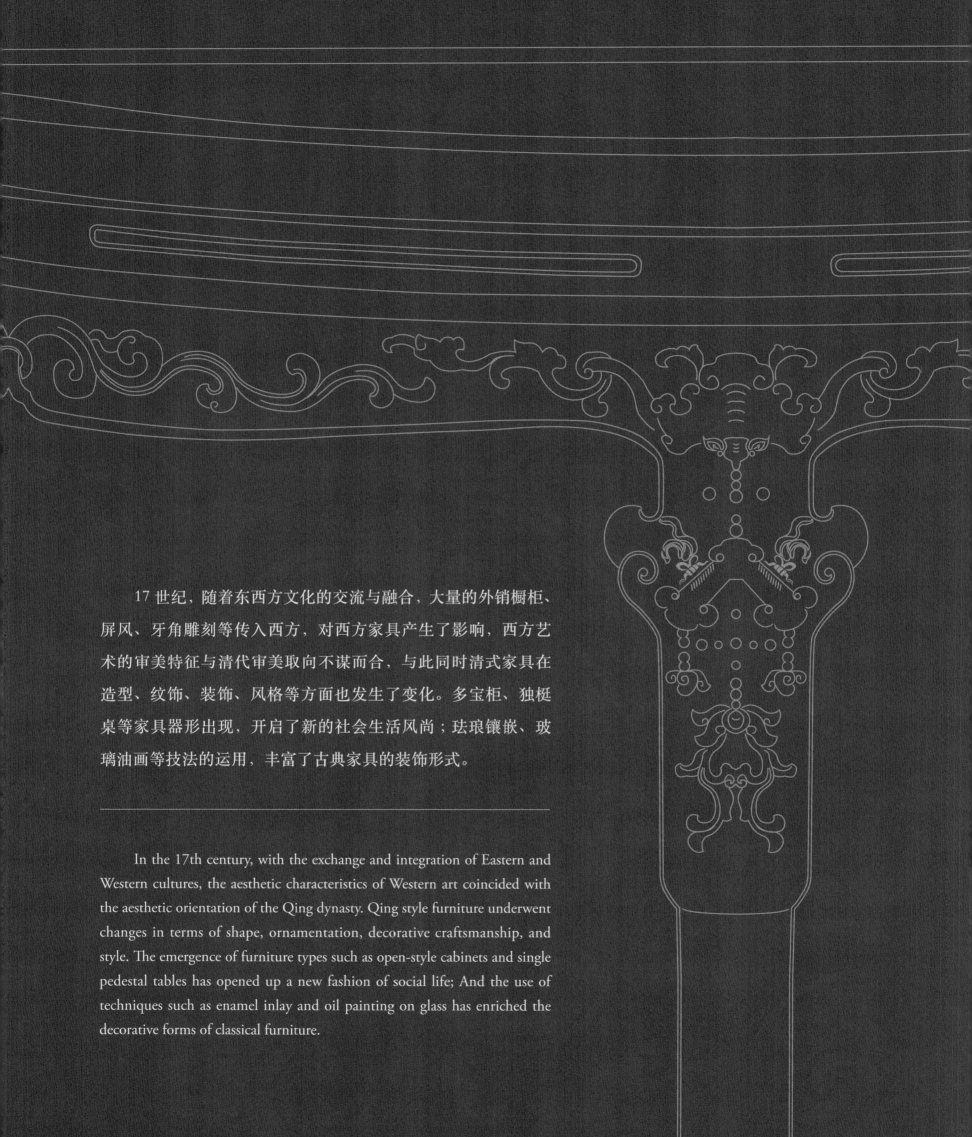

In the 17th century, with the exchange and integration of Eastern and Western cultures, the aesthetic characteristics of Western art coincided with the aesthetic orientation of the Qing dynasty. Qing style furniture underwent changes in terms of shape, ornamentation, decorative craftsmanship, and style. The emergence of furniture types such as open-style cabinets and single pedestal tables has opened up a new fashion of social life; And the use of techniques such as enamel inlay and oil painting on glass has enriched the decorative forms of classical furniture.

第三单元
SECTION THREE

中西遇鉴
MUTUAL LEARNING BETWEEN CHINA AND THE WEST

木作与珐琅作、各作的配合

清代宫廷家具做工精良，除能工巧匠外，还依靠造办处的其他各“作”，雕作、珐琅作、镶嵌作、镀金作、油漆作、杂活作、铜作、鏇作、牙作及玻璃厂等部门与木作配合，为家具提供配套附件，使木工工艺与其他工艺相结合，形成清代宫廷家具的创新风格和主要特征。

铁錽（jiǎn）金——

中国古代金属工艺中一种特殊的技艺。在铁胎上錾出横竖斜线，再把金箔锤于斜线内，使之嵌于铁胎之上而表面平滑。家具金属配件的装饰上运用此技艺，使家具于典雅、华贵中呈现浑然一体的厚重感。

38

紫檀鋄金包角有束腰长条桌

Zitan Wood Waisted Long Table with Gold Inlaid Mounted Corners

清中期

长 103.5，宽 43.7，高 86.8 厘米

颐和园藏

紫檀木制。面板攒框装芯，面下有束腰，牙板与腿足边缘铲地起阳线圆角相交，底足内翻回纹马蹄。桌面边抹四角以及桌腿与牙板相交的三碰肩处装鋄金云龙纹包角，束腰四角安云纹鋄金饰片。此桌制造工艺精湛考究，极为难得。

铜包角

清代多以金属饰件装饰于色调柔和、纹理优美的家具上。铜包角一般装在桌子、箱子等的四角，一方面可增强家具榫卯结构的结合力和稳固性，另一方面还能造成质感、色彩上的强烈对比，达到繁简适度、美观得体的装饰效果。

39

紫檀铜包角夔龙纹有束腰炕几

Zitan Wood Waisted Narrow *Kang* Table with Copper Mounted Corners and *Kui* Dragon Pattern

清中期

长 102.5、宽 41.5、高 41.3 厘米

颐和园藏

紫檀木制。桌面装攒芯，板下承穿带，束腰为铲地浮雕拐子纹。腿足和牙板边缘起阳线圆角相交，下挂夔龙衔磬纹牙板与拐子纹角牙，底足内翻马蹄。面板、束腰、腿足的四边安有铜鎏金福庆纹包角，既起到加固作用，又增加了色彩的明暗对比，更显富丽堂皇。

40

黄花梨嵌青花瓷面平头案

Huanghuali Wood Flat-Top Narrow Table with Recessed Legs and Blue-and-White Porcelain Top

清中期

长 99.5、宽 30、高 85 厘米

颐和园藏

黄花梨木制。案面嵌暗八仙纹青花瓷板。此案设夹头榫，牙板做云纹下托卷草纹，直腿，两侧腿间设横枨，装素圈口。此案整体造型轻盈活泼，简洁大方。

嵌瓷

瓷镶嵌是明清家具的镶嵌手法之一，即把瓷片作为一种装饰材料嵌入家具，瓷片有青花、粉彩、五彩、刻瓷等不同品种，多嵌于柜门、桌案面、凳面、椅背、床围、屏芯等处，使家具在瓷与木的搭配上，呈现出别致风采，既有木的柔韧，又具瓷的凝韵。

41

紫檀嵌粉彩瓷面有束腰半圆桌

Zitan Wood Waisted Half-Moon Table with *Fencai* Porcelain Top

清中期

直径 88、高 84.4 厘米

颐和园藏

紫檀木制。桌面半圆，攒框装芯，镶嵌半圆形粉彩缠枝花卉纹瓷板。束腰开四个细鱼门洞，牙板和桌腿上部相交处雕“福庆有余”纹，牙板其余部分浮雕卷草纹。腿间设底枨，装攒格子冰裂纹脚踏，底足饰如意云头。此半圆桌纹饰带有西洋风格，反映了皇家力求新颖的审美情趣。

嵌珐琅

珐琅镶嵌装饰是清代宫廷家具的一大特色，多采用平嵌法，使家具在造型上讲究气势、富有动感，凸显雍容华贵、富丽堂皇的气质。

42

紫檀嵌珐琅卷草纹高束腰带托泥长方几（一对）

Pair of *Zitan* High-Waisted Wood Stands with Continuous Floor Stretchers and Cloisonné Enamel Inlays

清（1644～1911年）

长54.5、宽43.4、高91厘米

颐和园藏

紫檀木制。几面攒框装芯，面板边抹雕回纹，面沿有拦水线。高束腰，上下托腮铲地雕仰覆莲瓣纹。腿足做展腿造型，其上部与牙板、束腰均饰有蝠纹与拐子卷草纹的铜胎掐丝珐琅片。底足外翻，雕卷草如意头纹，下承托泥，装龟脚。用料厚重，装饰繁复，是清代宫廷家具的代表作。

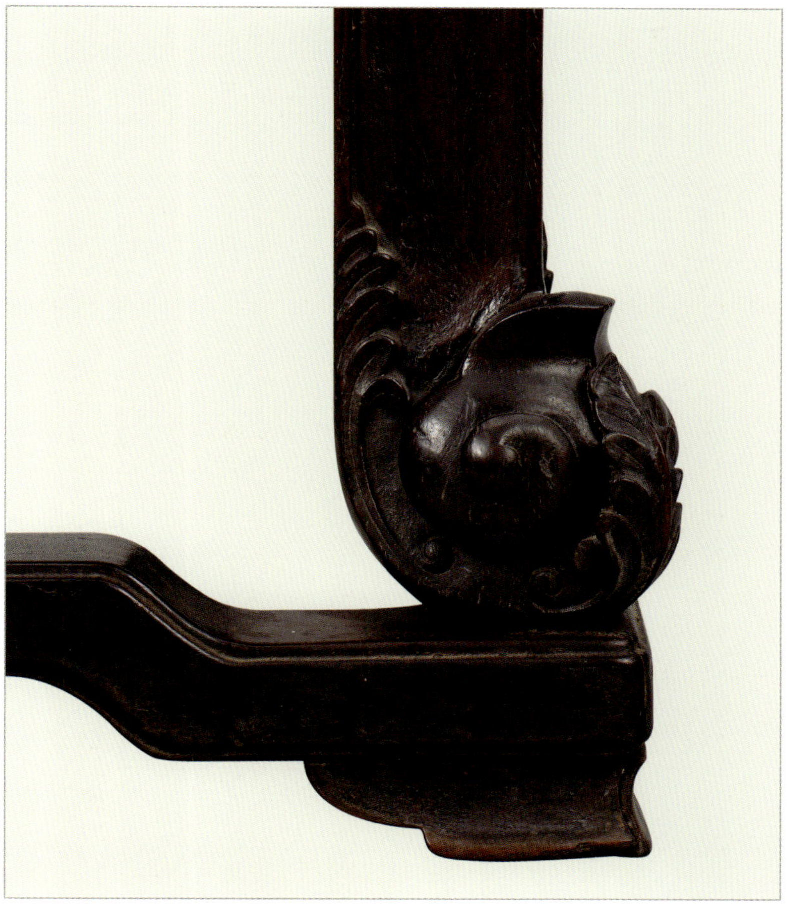

43

紫檀嵌瓷藤心五屏式扶手椅

Zitan Wood Armchair with Five Porcelain Panels and Soft Mat Seat

清（1644～1911年）

长52.5、宽43、高86.5厘米

颐和园藏

紫檀木制。靠背搭脑向上凸起成书卷形，靠背、扶手用小料攒框，靠背板正中与两侧有三处开光，嵌山水纹浅绛彩瓷板。两侧扶手框内亦镶嵌瓷板，内侧为浅绛彩山水纹，外侧为粉彩花卉纹。座面攒框装藤编席面，下接高束腰，牙板做洼堂肚，饰如意纹。方腿直下，足间接管脚枨。此椅造型庄重，多处镶嵌瓷板，反映了清式家具力求新颖的审美情趣。

嵌犀角

清代柜类家具品种丰富，多饰有华丽的花纹，或雕刻，或镶嵌，或金漆彩绘。镶嵌材料主要有竹、木、各色玉石、象牙、犀牛角、玛瑙、螺钿、陶瓷等；明清时来自东南亚和非洲的犀牛角原料大量输入我国，促使犀角雕工艺迅速发展。因犀角尤为珍贵与稀有，多见于制作小件文房和家具。

44

紫檀嵌犀角雕云龙纹立柜

Zitan Wood Compound Wardrobe in Four Parts with Rhinoceros Horn Carvings of Dragons and Clouds

清中期

长39.6、宽16.6、高59.1厘米

颐和园藏

紫檀木制。柜分顶箱和立柜两部分，顶箱下边和立柜上边一木连做；上下分别对开两扇门，顶部、两侧及门绦环板部分装饰相同，雕五爪龙于云中穿梭，皆为犀角所制；四周装饰回纹。锁扣及合页表面鋈金，坠为蝉形，扣为蝙蝠形；四脚包铜。整体做工极为精巧。

紫檀雕龙纹立柜

Zitan Wood Compound Wardrobe in Four Parts with Carved Dragons

清中期

长 38.9、宽 15.6、高 65.9 厘米

颐和园藏

紫檀木制。分顶箱和立柜两部分。顶箱下部及立柜上部为一木连做。上下两层分别对开两扇门，门绦环板上雕万字锦地祥龙戏珠纹饰。上下门框外侧边各嵌铜錾龙纹活页两对，两门间嵌铜镀金錾龙纹金属面叶，吊环纽头三枚，四脚包铜足。此柜做工精美，雕工细腻，纹饰复杂，充分体现了皇家家具陈设的恢宏大气。

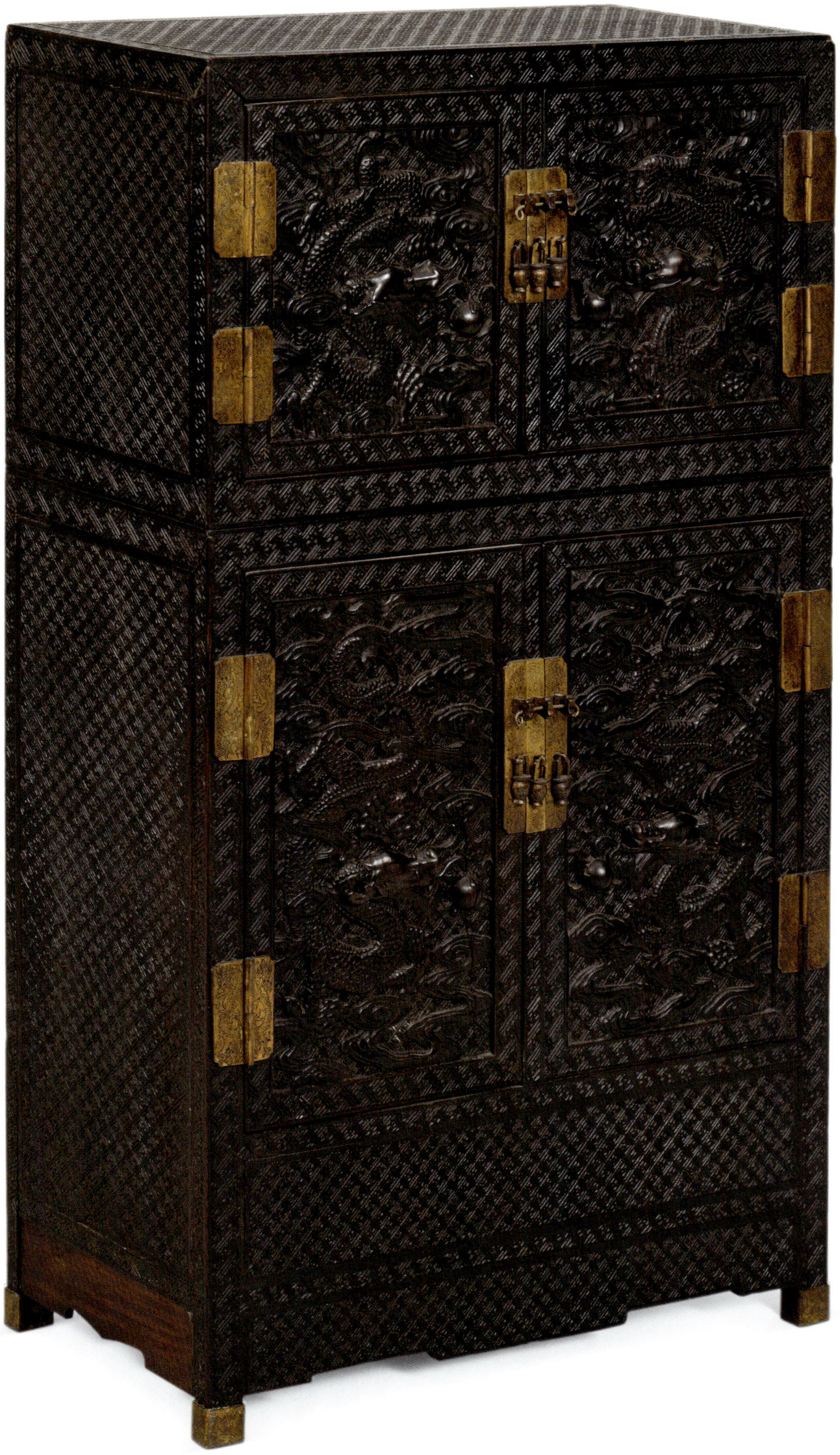

46

紫檀雕龙纹顶箱小立柜

Zitan Wood Small Compound Wardrobe in Four Parts with Carved Dragons

清中期

长41、宽25、高134厘米

颐和园藏

紫檀木制。柜为顶箱和立柜两部分。顶箱下边和立柜上边一木连做。上部设向上开柜门。下部设对开两门，门上有铜合页、锁鼻，合页錾胎雕刻夔凤纹，吊牌为寿桃形。上下柜门均雕云龙纹，膛板海水江崖纹，柜底牙板雕福云纹，四足包铜脚，线条流畅，做工精致，寓意吉祥。

47

日本金漆山水楼阁纹多宝格

Japanese Gold Lacquered Display Cabinet with Pavilions and Landscapes

19 世纪末 20 世纪初

长 44.8、宽 23.6、高 61.3 厘米

颐和园藏

此件采用莳绘工艺，主体为木胎朱漆底，顶部及正面饰有山川楼阁，点缀蝴蝶花鸟，两侧及背面皆绘制竹纹。底部木座髹黑漆底，绘有代表日本皇室的“十六瓣菊纹”，间以回纹。莳绘是日本的一种漆器装饰工艺，与我国的描金工艺相像，指在上漆后通过金漆描绘或轻撒金、银粉末进行装饰。

颐和园
革命委员会
1970.5
类别 杂项
分号 81
总号 177

48

日本彩漆绘风景人物图柜格

Japanese Lacquered Display Cabinet with Figures and Landscapes

19 世纪末 20 世纪初

长 119.5、宽 50、高 186、底座高 44 厘米

颐和园藏

软木髹漆。分上下两部分，柜体及底座均以绀色漆为底。柜身绘花鸟纹图案，柜门及正面多处开光内装饰镶嵌日本山水美景绘画。柜体底部镶有黑漆描金折扇纹饰板，整体多处用錾刻铜活作为装饰。底足弯腿外翻马蹄腿。此柜格颇有异域风情。

49

柚木缠枝番莲纹长方几

Teak Rectangular Stand with Passion Flower Scrolls

清（1644～1911年）

长46.5、宽40.5、高75.8厘米

颐和园藏

柚木制。几面四边凹进，攒框装水波纹芯板。腿足与面板直抵，两腿间挂西洋番莲纹镂雕牙板。四足间装卷草纹枨条，内镶水波纹芯板，构成屉板，底足外翻卷草纹，下踩承珠。此几造型别致，是西洋装饰与清式结构完美结合的代表。

50

红木嵌螺钿梅花纹靠背椅

Hong Wood Side Chair with Mother-of-Pearl Inlay

清（1644 ~ 1911 年）

长 50、宽 53、高 94.5 厘米

颐和园藏

红木制。多处嵌螺钿。靠背后倾，背板镂空雕梅花盆景，座面镶板落堂做，面沿雕莲瓣纹，面下有束腰。牙板三面镂雕喜上眉梢纹，前腿顶部雕刻兽首，中为铲地雕刻梅枝卷草，足下做兽爪踩宝珠。底足间三面以曲线脚枨相连。此椅以中式材料与传统螺钿工艺制作西式造型，是对中西结合的一种探索。

51

柚木双龙捧珠纹软包扶手椅

Teak Upholstered Armchair with Twin Dragons Holding a Pearl

清（1644～1911年）

长66.5、宽73、高113.5厘米

颐和园藏

柚木制。椅背为两根雕莲瓣纹立柱夹双龙戏珠纹靠背，中心软包。扶手为末端向内蜷曲的卷草形，下端雕立柱与座面相接。座面为蓝白条纹软包，外罩深蓝色护套。四足膨起做三弯腿，底足外翻卷草纹，下承圆珠、莲花座包角及方形柱础。该椅是晚清时期中西家具融合的典型体现。

52

紫檀独梃三足圆桌

Zitan Wood Pedestal Table with Three Feet

清（1644～1911 年）

直径 96.6、高 85.7 厘米

颐和园藏

紫檀木制。桌面圆形，攒框装芯，可左右自由转动，桌面下装浮雕如意云头花牙一周。花觚状独梃分为上下两部分，中部嵌铜套，可以分开活拿。上半部承载桌面，设三个形似战国玉觿的夔凤纹霸王枨。下半部则落在花几式象鼻腿外翻三足座上。此桌工艺复杂，雕饰精美，颇为珍稀。

53

紫檀铜包角嵌料器长条桌

Zitan Wood Long Table with Bronze Mounted Corners and Glassware Inlay

清（1644～1911年）

长144.5、宽42.5、高82厘米

颐和园藏

紫檀木制。桌面攒框装芯，转角处包卷草纹铜饰件。四腿间安裹腿高罗锅枨，两侧嵌有西番莲纹及莨菪叶纹雕花料器，间以卷草纹矮佬连接。四腿上部雕刻回纹、乳钉纹与卷草纹，下部凹雕长方条纹，底足回纹下承卷草足。此桌造型新颖，装饰繁复，显示了清代宫廷家具对西方艺术风格的探索与应用。

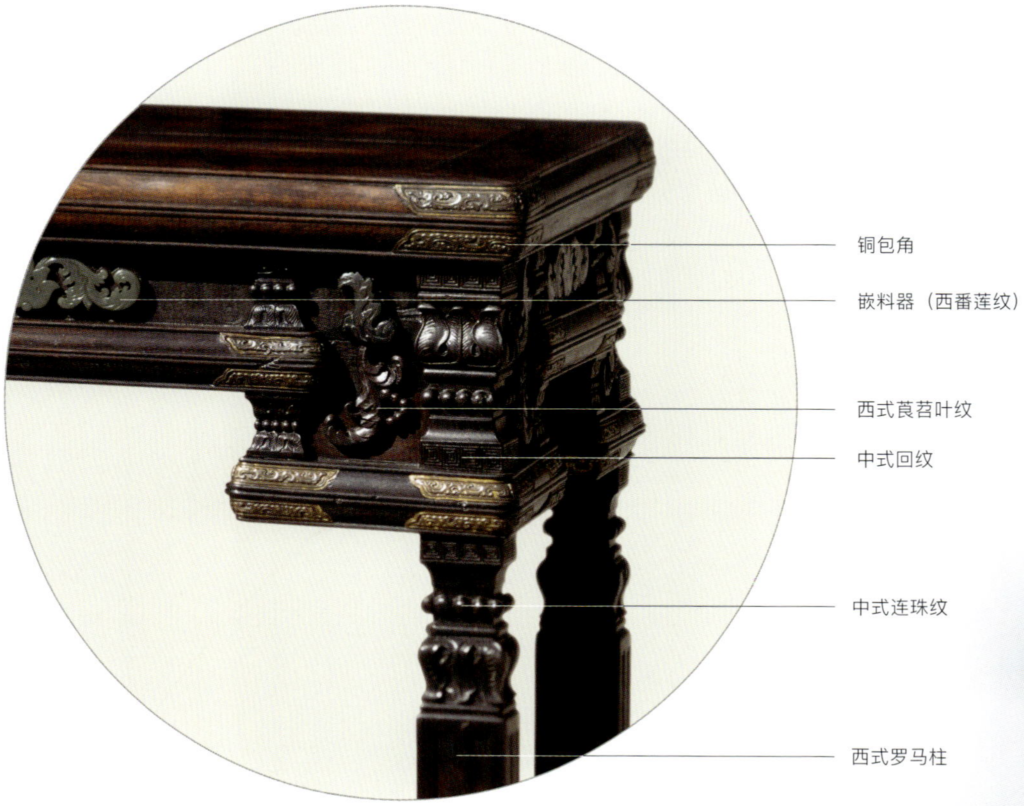

第四单元

SECTION FOUR

各有所宜

SUITABLE FOR VARIOUS OCCASIONS

明清时期，园林陈设的家具与园林空间格局、建筑功用息息相关。不同环境家具陈设有特定的规制与要求，兼具实用与观赏的双重效果，与园林景致相映成趣。“一角一隅现雅境，一器一物显格调”。家具以其独有的气韵融于园林和自然，再现古人的生活日常与陈设美学。

During the Ming and Qing dynasties, the furniture furnished in a garden was closely related to the spatial pattern and architectural function of the garden. Furnishings in different environments have specific regulations and requirements, which should have a dual effect of practicality and aesthetics and complement the garden scenery. “Every corner of the garden presents an elegant atmosphere, and every piece of furniture shows its style.” Furniture, with its unique charm, blends into gardens and nature, reproducing the daily life and furnishing aesthetics of the ancients.

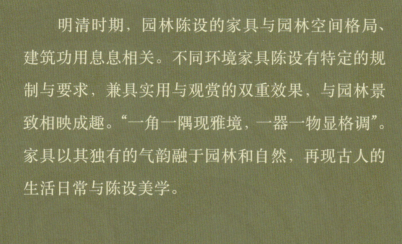

宫殿之上（排云殿原状陈设）——

这组家具原陈设于颐和园排云殿正殿明间。排云殿为颐和园万寿山的主体建筑，慈禧太后曾于此举办万寿庆典、接收朝贺之礼。宝座、屏风、掌扇、方几等是皇家宫殿内的固定陈设。

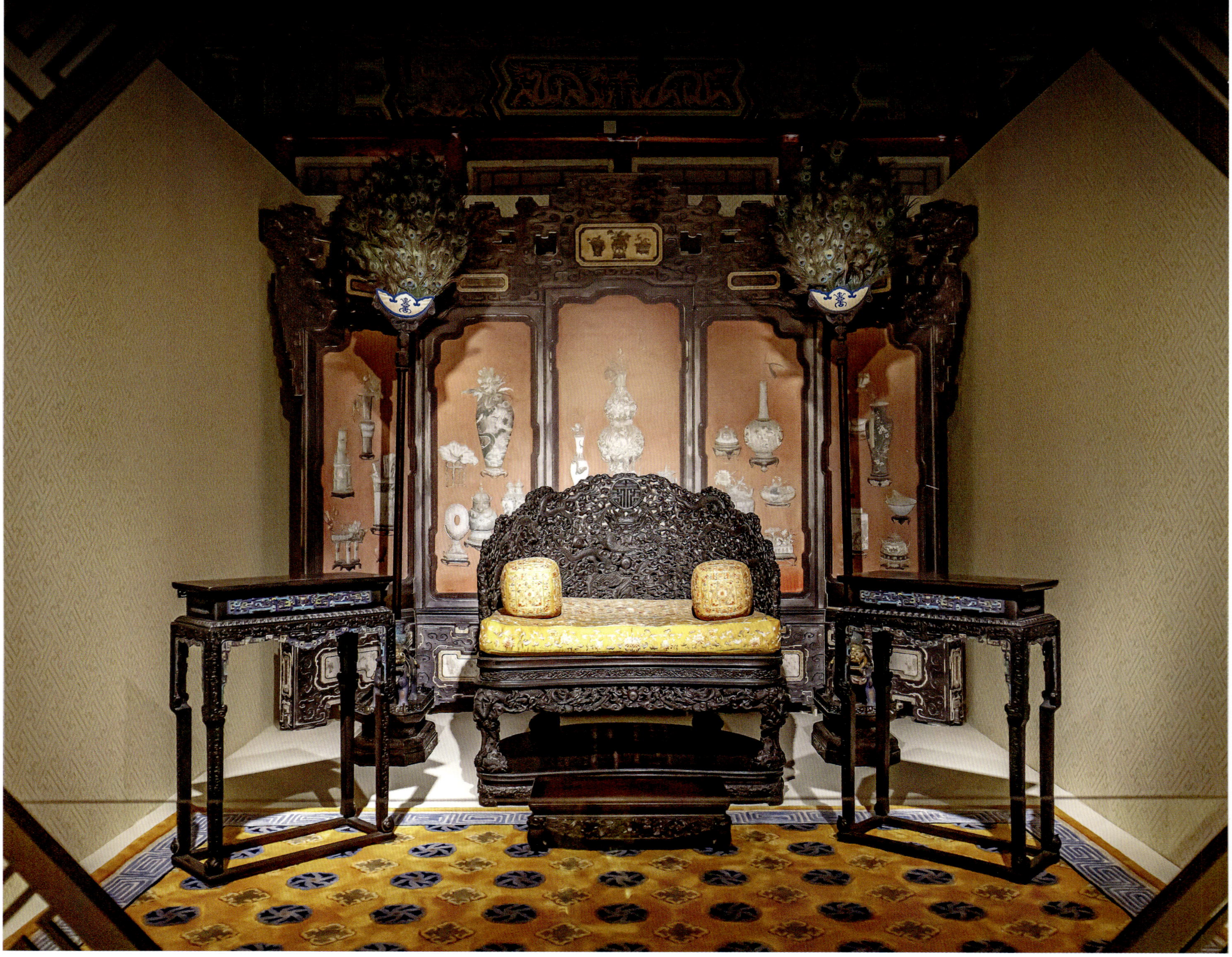

54

紫檀透雕云龙纹有束腰带托泥宝座

Zitan Wood Waisted Throne with Continuous Floor Stretcher and Openwork Dragons and Clouds

清中期

长126、宽93、高131厘米

颐和园藏

紫檀木制。座面呈腰圆形，靠背和扶手融为一体，亦随座面形状弧形向内环抱，镂空双面雕刻祥云与九条五爪龙，正中搭脑处则透雕团寿纹。座面攒框装藤席，面下有束腰，浮雕开光式番莲纹。宝座下四条腿雕云海中巨龙蜿蜒而上，于牙板正中汇聚戏珠。下承腰圆形托泥与座面形状相对应，托泥束腰下亦雕番莲纹。

55

紫檀嵌珐琅夔龙纹有束腰长方几（一对）

Pair of *Zitan* Wood Waisted Rectangular Stands with Enamel *Kui* Dragon Pattern

清中期

长67.5、宽31.5、高92.5厘米

颐和园藏

紫檀木制。几面攒框装芯，呈长方形。面板下一周饰珐琅花牙。面下有高束腰，束腰上嵌夔龙纹珐琅饰件，上下雕仰覆莲瓣纹托腮。腿足做云纹翅展腿造型，与牙板均铲地雕刻夔龙纹。牙板下至腿足上部挂有珐琅饰件作为牙条。底足雕卷草如意头外翻，下承托泥，装龟脚。用料厚重，装饰繁复，是清代宫廷家具中的代表作品。

56

红木双龙捧珠纹有束腰脚踏

Hong Wood Waisted Footstool with Carved Dragons

清（1644～1911年）

长70、宽35、高17厘米

颐和园藏

红木制。脚踏长方形，面板攒框装芯，冰盘沿下束腰打洼。牙板做洼堂肚，雕双龙捧寿纹，鼓腿内翻马蹄，上雕兽面纹，足饰回纹。此脚踏造型厚重，用料大气，是晚清时期宫廷常用的陈设家具。

57

紫檀嵌瘿木生肖有束腰扶手椅（两件）

Zitan Wood Waisted Armchair with Burl Wood Panels

清中期

长 64、宽 51.5、高 106.5 厘米

长 64、宽 51.5、高 106 厘米

颐和园藏

紫檀木制。靠背和扶手嵌瘿木芯。椅靠背和扶手采用攒拐子加瘿木雕花板芯的装饰手法，浮雕虎纹及羊纹生肖、山石、花卉纹饰。拐子纹用完整大料锼挖而成，靠背硕大的如意云头状搭脑及瘿木花板周边拐子纹构件，仅由四部分组成，用料奢华。面下束腰打洼，正面牙板雕如意云头，牙板与方腿圆角相接，边缘起阳线，底足内翻回纹马蹄，下承托泥，带龟脚。两件座椅分别为十二把生肖椅中的虎和羊，造型玲珑，做工精细。

58

红木三折八柱圆桌

Hong Wood Drop-Leaf Round Table with Eight Posts

清（1644～1911年）

直径105、高86厘米

颐和园藏

红木制。桌面分为三部分，均攒框装芯。两侧弧形桌面下安有金属合页，可以向下折叠。中间长方形桌面下接四根藕节柱足，上下以两层横枨相接。上层横枨间装板，在与桌面的空隙间设有两个相对的暗抽屉。柱足底部横枨相接成长方形底盘。两层横枨间用藕节矮柱与蝙蝠纹卡子花装饰。底盘中间以两根短枨分割成三部分，内部用小料攒几何纹。底盘靠柱足处各有一根立柱，连接另四根藕节柱足形成活腿，方便在桌子展开时支撑桌面。腿柱间有三根横枨，中间亦饰有矮柱及蝙蝠纹卡子花。此桌可以进行折叠，以达到节省空间的目的。

59

红木七巧桌

Hong Wood Tangram Table

清（1644 ~ 1911 年）

大三角形边长 108 厘米 ×76 厘米 ×76 厘米、

高 83 厘米（整体拼方 109 厘米 ×109 厘米）

颐和园藏

红木制。由七件不同形状、大小的高几组成一套，可如七巧板般随意组合排列成各种形状。高几几面均攒框装芯，面下直牙板与直腿内侧铲地起阳线圆角相交，底足间安横枨，设冰裂纹底盘。既可随意改变室内家具陈设方式，又丰富了生活情趣，是工匠巧思与技术结合的产物。

60

红木铜包角有束腰鱼桌

Hong Wood Waisted Fish Table with Bronze Mounted Corners

清中期

长 176、宽 72、高 90 厘米

颐和园藏

红木制。桌面攒框装双层玻璃面芯，冰盘沿下束腰间镂出透光。腿足之间用横枨，每侧直枨与牙板间镶长条形玻璃面，横枨间装板做托带。底足内翻马蹄。面沿、披肩及底足均有阴刻缠枝莲纹的包铜装饰。正面双层玻璃间用染色象牙拼攒柳燕图，侧面以漆地粘贴染牙饰件做荷花和飞燕图案，有“海清河晏”之意。桌内放置长方形铅皮水槽，可以放入金鱼进行观赏，别具一番趣味。

厅堂之中

清代宅第厅堂逐渐形成固定陈设，正中设屏风，前置长条案，案前设八仙桌与扶手椅，厅堂两侧对称放置椅子与几。空间格局讲究对称均衡、规整紧凑，凸显厅堂在居室的主导地位，营造宜人、轻松的生活气息。

61

红木有束腰罗锅枨方桌

Hong Wood Waisted Square Table with Humpbacked Stretchers

清（1644～1911年）

长92.5、宽92.5、高88.5厘米

颐和园藏

红木制。桌面攒框装芯，冰盘沿下接束腰。束腰下直牙板与直腿以粽角榫相连。腿足间用罗锅枨，罗锅枨两侧及牙板、腿足内侧铲地起阳线相交。底足内翻马蹄，兜转有力。此桌装饰简朴，但线条流畅，比例匀称，不失为一件佳品。

62

楸木云龙纹平头案

Catalpa Flat-Top Narrow Table with Recessed Legs and Carved Dragons and Clouds

清（1644～1911年）

长525、宽56.5、高94.5厘米

颐和园藏

楸木制。案面用10厘米以上的独板制成。面沿腿足以及牙板、堵头等处均用圆雕、浮雕、透雕等方式满雕云龙纹，密不透风。腿足底部微微外撇，腿间两处横枨，中间镶有云龙纹透雕挡板。此案体量硕大，造型厚重，虽为楸木制成，仍然十分震撼。

63

红木攒拐子椅围有束腰扶手椅（一对）

Hong Wood Waisted Armchair with Stylized Dragon Pattern

清（1644～1911年）

长71、宽54.5、高89.5厘米

长71、宽54.5、高90厘米

颐和园藏

红木制。靠背搭脑向下凹起，靠背正中用素面直板，两侧扶手用小料拼攒拐子纹。座面下接矮束腰，牙板做洼堂肚，饰以回纹拐子，和腿足圆角相交，边缘起阳线。直腿横枨，枨下有细牙条。此椅造型庄重，雕饰简洁，线条流畅。

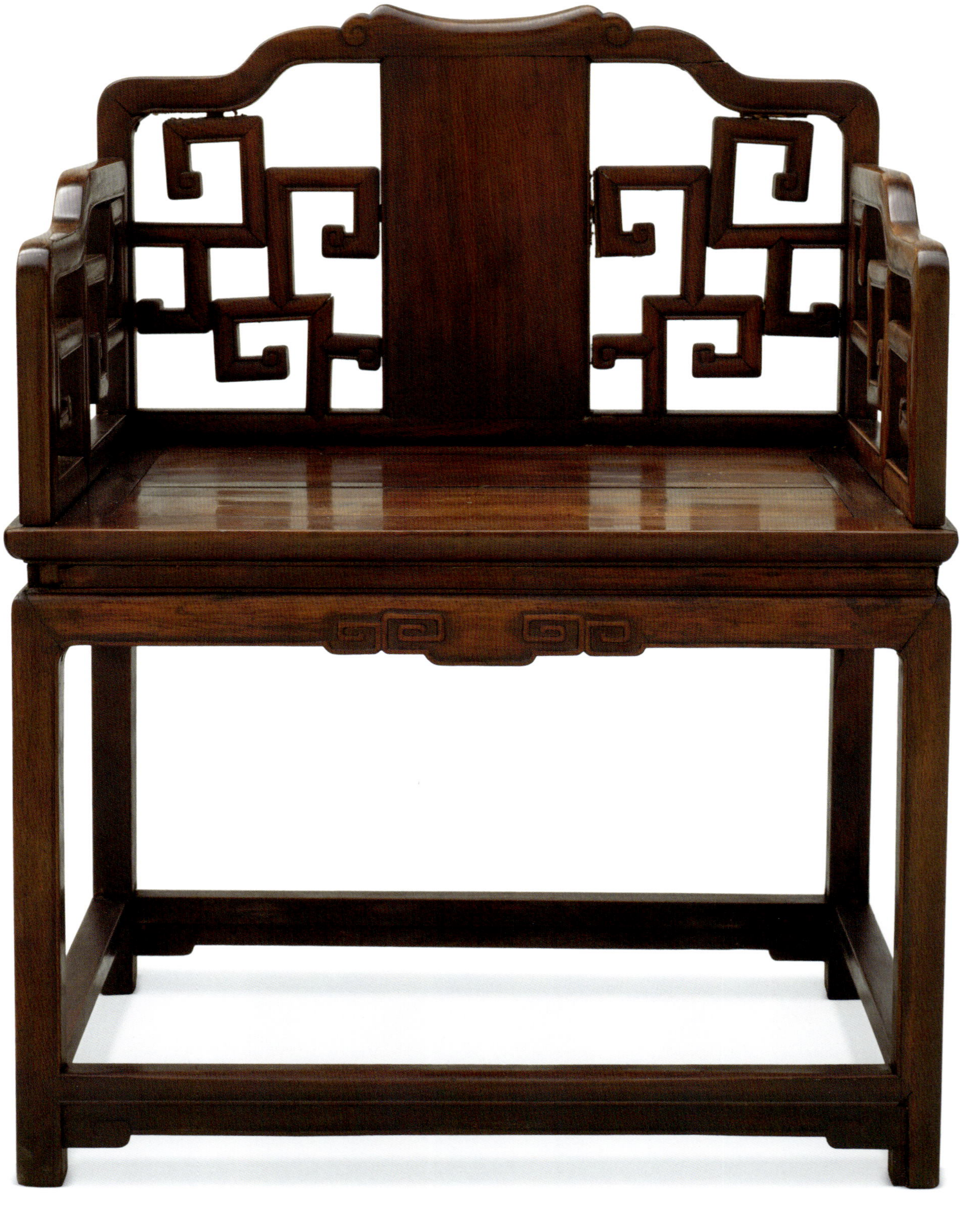

文房意象

这组家具构筑了园林中的书斋陈设。精巧别致的长方桌、清瘦典雅的扶手椅，无不透露出古人喜好风雅的品味。著书立说、燕闲清赏，琴棋书画、诗酒茶花，呼朋引类、雅集畅叙，无不彰显文人的精神追求、生活意趣和审美情致。

64

黄花梨漆面有束腰霸王枨长方桌

Huanghuali Wood Waisted Rectangular Table with Lacquered Top and S-Braces

清中期

长 139.5、宽 49、高 86 厘米

颐和园藏

黄花梨木制。桌面攒框装髹漆芯板，高束腰黑漆描金缠枝花卉，开三个鱼门洞，内透雕螭龙纹。牙板上雕回纹，牙板与腿结合的拐角处安透雕黑漆描金拐子龙托角牙，方形直腿，内翻方马蹄足，颇具新意。此桌还安装了霸王枨，从桌腿直抵桌面背部穿带，这种做法大大增加了桌子的牢固程度，也是明式家具常用的加固手段，由此可见清代宫廷家具对明式家具的继承和发展。

65

花梨木灵芝纹扶手椅

Huali Wood Armchair with *Lingzhi* Fungus Motif

清中期

长 52、宽 54、高 90.5 厘米

颐和园藏

花梨木制。搭脑凸出微外翻，雕成灵芝形，靠背、扶手、腿部、牙板、枨子均雕满花灵芝纹，扶手攒框内翻灵芝形拐子，靠板镂雕灵芝纹。灵芝纹是以圆雕、透雕、阴刻各种手法极尽变化，将一种纹饰的表现发挥到极致，繁而不乱。椅面呈不规则长方形攒框，内装软屉，四足微外展，且扶手及椅腿作弯曲设计，更增加了制作难度。

坤雅之趣

这组陈设雅致精巧，一桌一凳，一人一格，添花草作景，幽香为伴。或吟诗、弹琴，或赏花、拜月，女性独特的情怀、气质及诗意般的闺居生活，为园林的自然之美注入了柔和的情调。

66

紫檀夔龙纹书格

Zitan Wood Shelf with *Kui* Dragon Pattern

清（1644～1911年）

长141、宽47、高193.5厘米

颐和园藏

紫檀木制。书格紫檀满彻，立柱及横枨均饰以倭角。三层全敞，每层后面及两侧装扁灯笼式栏杆，有活销可自由卸下。第二层隔板下安装大抽屉三具。四根立柱与顶层隔板及第二、三层隔板相接处均装有透雕夔龙纹坠角，在底层隔板下装铲地浮雕夔龙纹牙板。此书格榫卯严谨，雕饰玲珑剔透，造型挺拔清秀，具儒雅之气。

67

花梨木嵌理石面事事如意纹有束腰方桌

Huali Wood Waisted Square Table with *Dali* Marble Top

清（1644 ~ 1911 年）

边长 92、高 85 厘米

颐和园藏

花梨木制。桌面攒框装大理石芯，冰盘沿下束腰打洼。牙板与腿足圆角相接，边缘起阳线，下挂透雕事事如意纹牙条及流苏穗状角牙。腿足做展腿造型，底足兽爪踩宝珠。明清时期赏石文化盛行，大理石和其他赏石也被广泛用于家具的制造中。

凤纹顶箱柜

紫檀顶箱柜，上有顶箱，下为立柜，一对组合为4件。此柜陈设于颐和园宜芸馆，作为寝居空间的固定陈设家具，其体积巨大、用料厚重，雕刻精湛，鸾凤嬉戏穿行于牡丹花下，立体感强，气势恢宏。

68

紫檀鸾凤牡丹纹顶箱柜

Zitan Wood Compound Wardrobe in Four Parts with Phoenixes and Peonies

清（1644～1911年）

长194.5、宽83.5、高386厘米

颐和园藏

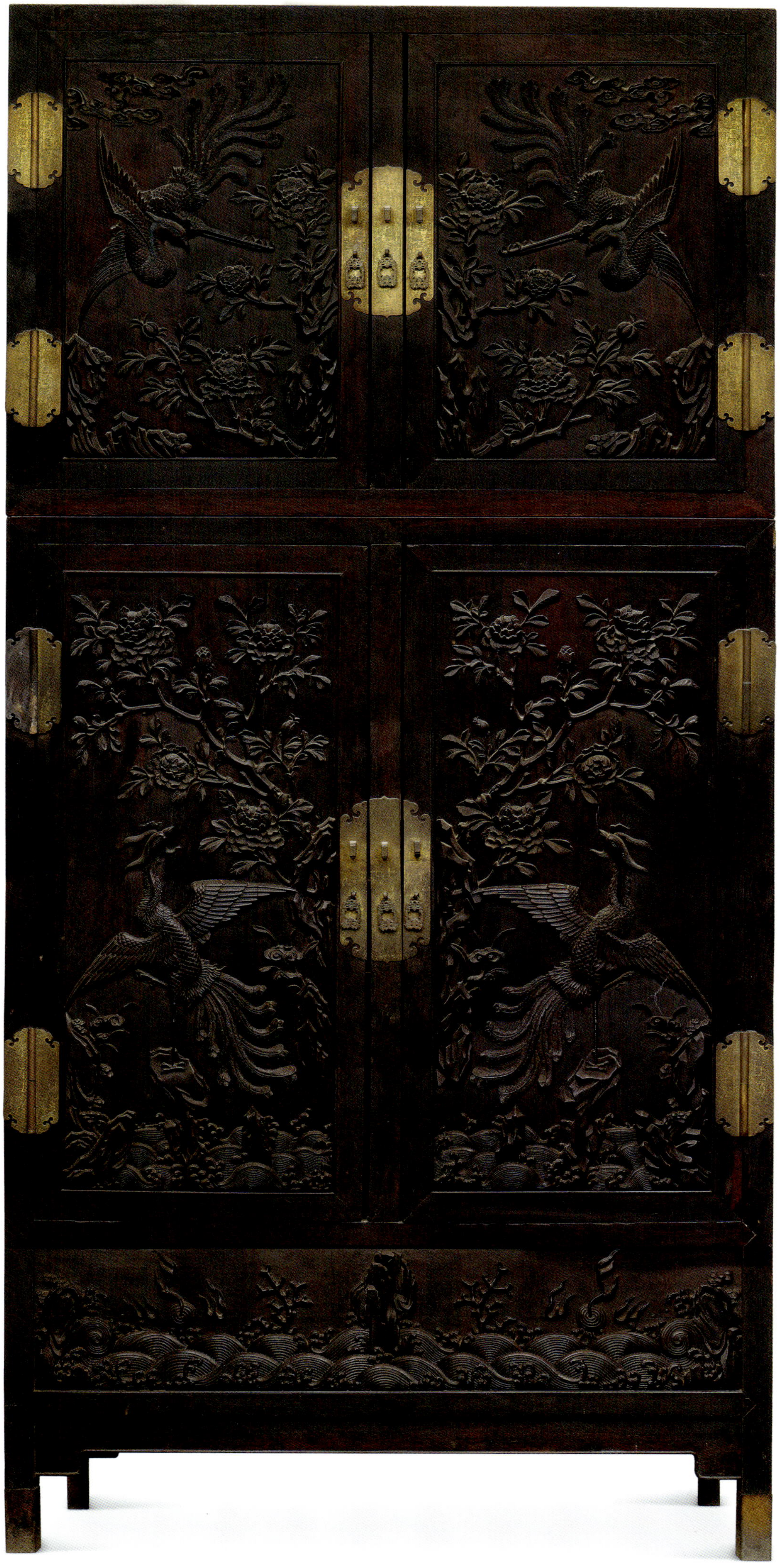

紫檀木制。一对两件。分为两部分，上部为顶箱，下部为立柜，各对开两扇门。框内落堂镶板，镶板铲地雕刻鸾凤牡丹纹，膛板上则铲地雕海水江崖纹。门框外侧各嵌铜合页四对，门间嵌铜面叶，均錾刻鱼籽地夔凤卷草纹。门下为柜膛，内有闷仓，四腿直下，方足包素铜套。此柜体量巨大，雕饰繁复，现陈设于宜芸馆。从其陈设地点以及纹饰来看，专供皇后使用，也是颐和园所藏的唯一一对紫檀凤纹顶箱柜，十分珍贵。

借景成榭

园林中的楼阁水榭、曲廊香径，营造出古典幽雅的意境。古人于水榭之上、孤亭之中，独寻一份真趣与雅韵，精简的陈设，更契合适得自然、悠然恬淡的心境。

69

紫檀福庆番莲纹书卷式有束腰扶手椅

Zitan Wood Waisted Armchair with Book-Roll-Shaped Top Rail and Happiness and Celebration Motifs

清中期

长 58.5、宽 48、高 89.5 厘米

颐和园藏

紫檀木制。靠背搭脑向上凸起成书卷形，靠背、扶手用小料拼攒拐子纹，靠背板正中与两侧有三处开光，均内装福庆番莲纹雕花板，中间填补卷草纹花牙子。座面镶藤编席面，下接高束腰，牙板做洼堂肚，饰以夔纹，边缘起阳线和腿足圆角相交。直腿横枨，枨下底足内翻回纹马蹄。此椅造型庄重大气，雕饰繁而不俗，是清宫家具中的精品。

70

紫檀竹节拐子纹长条桌

Zitan Wood Bamboo Style Long Table

清（1644～1911年）

长126.2、宽45.5、高85.5厘米

颐和园藏

紫檀木制。桌面攒框装芯，面沿劈料做双混面，与面下结构均雕饰竹节纹。四腿足劈料做，以粽角榫与桌面相接，腿足呈四根竹杆捆绑状。腿足之间均用长短不一的罗锅枨，中间以矮佬和桌面相接。劈料做法源自于对竹制家具的模仿，既做出了竹制家具独有的韵味，又用坚实耐用的木材取代了脆弱的竹质材料，还避免了纯用板材导致的呆板。

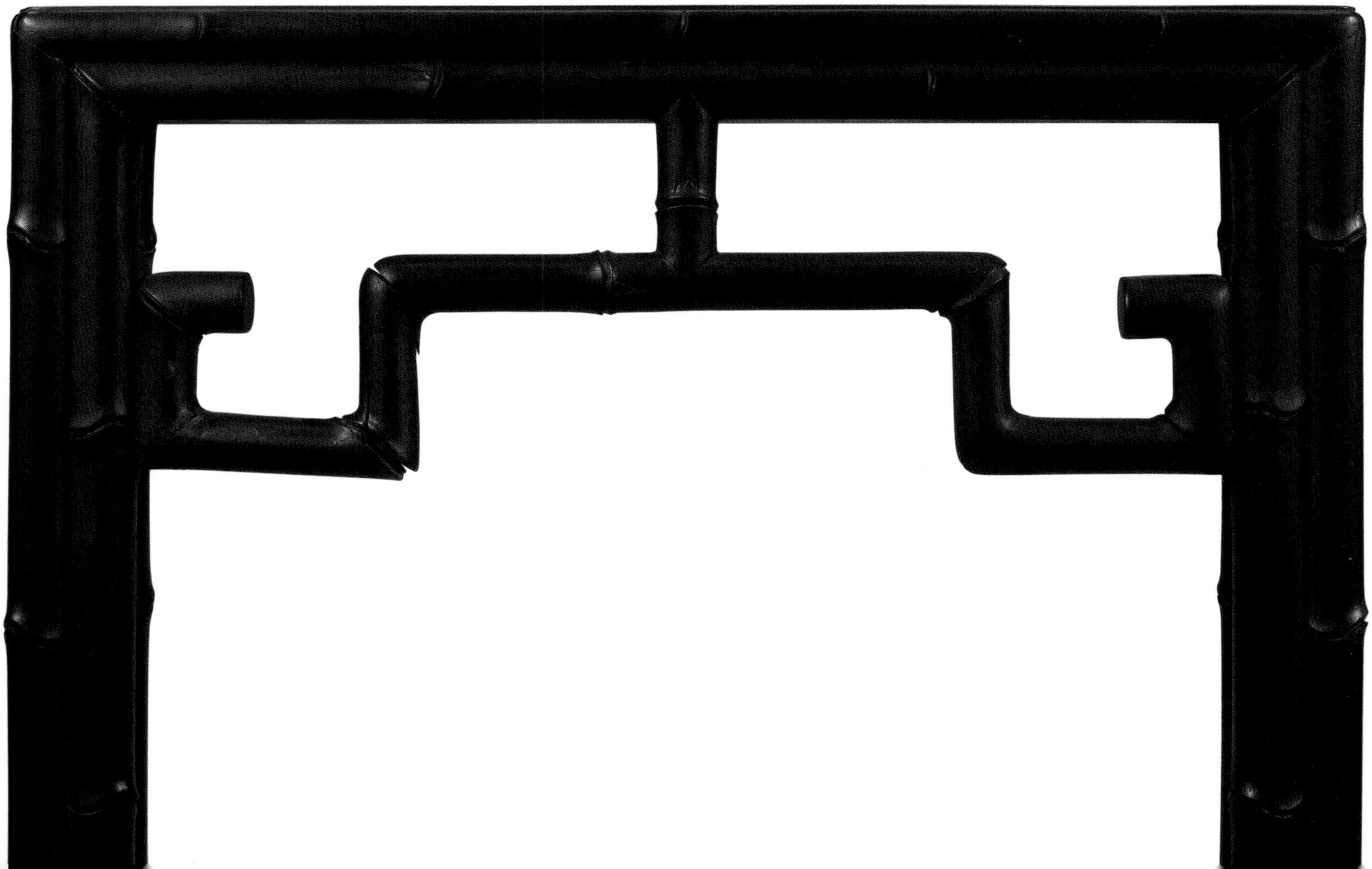

71

红木边座山水人物纹插屏

Hong Wood Table Screen with Embroidered Landscape Panel

清（1644～1911年）

总长157、

座宽82.5、镜心长131、镜宽6、

柱高143.5、总高264.5厘米

颐和园藏

红木制。正面攒框嵌水银镜面一块，边框四周贴黄杨木绳璧蝙蝠纹饰。背面攒框嵌玻璃，内装山水人物绣片，边框四周贴黄杨木暗八仙、如意、蝙蝠纹装饰。框底与站牙相抵，站牙上雕夔凤纹，下部为球形。立柱间有两条横枨，用短柱中分，两侧装镂雕葫芦纹绦环板，其下装一整块狮子绣球纹绦环板，其中绣球为竹制。披水牙镂雕螭龙宝珠纹，底座四足均雕灵芝纹。

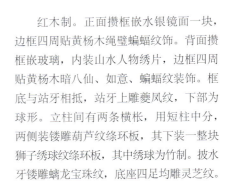

72

硬木百宝嵌花鸟纹寿联桌屏

Hardwood Table Screen with One-Hundred-Precious-Material Inlay and Birthday Celebration Couplet

清（1644～1911年）

长95.5、宽19.1、高75.7厘米

颐和园藏

硬木制。共六扇，两端扇屏嵌玉制“祝松寿于北阙瑶池万岁”“献桃宴兮西王金鉴千秋”对联。中间四扇从右至左分别为柳树与燕子，荷花与蝴蝶，菊花、蝈蝈、白菜及萝卜，竹子与梅花。背面左右两端扇屏为玉石镶嵌组成的贺寿对联，一侧为“八千岁为春，一株灵椿不老”；另一侧为“九五福曰寿，万古箕畴常新”。中间四扇为各路仙女。底座镶嵌花卉、佛手及拐子纹，雕刻如意纹，皆有吉祥的寓意。

祝松壽於北闕瑤
池萬歲

箕疇常新
九五福曰壽萬古

八千歲爲春一株
靈椿不老

73

沉香木雕鹤鹿同春双联如意

Aloeswood Connected *Ruyi* Scepters with Carved Cranes and Deer

清（1644～1911年）

长44.5、宽24、高7厘米

颐和园藏

沉香木制，为两单柄如意交叉放置的造型。整体采用镂雕的工艺，两个如意头处皆采用仙鹤作为主纹饰，尾部饰以灵鹿，寓意“鹤鹿同春”；如意柄处雕有蝙蝠、桃、松等纹饰，象征福寿延绵。

74

紫檀圆雕枝干纹炕桌

Burl Style *Zitan* Wood Wide *Kang* Table

清中期

长 130、宽 65、高 33 厘米

颐和园藏

紫檀木制。桌面攒框装芯板，桌面边抹、腿足、横枨、矮佬、坠角皆大料锼挖雕刻成树木根瘤形状，疏密有致，浑然天成。此炕桌以“穿枝过梗”的雕刻技法，使其风格尽脱匠气，品味高雅。

75

白玉鼎

White Jade *Ding* Cauldron with Wood Waisted Pedestal

明（1368～1644年）

长14.5、宽8.6、通高21.7厘米

颐和园藏

白玉质，带木底座、木器盖。形制上仿商周青铜鼎。器形规整，两侧各有一朝天耳，方唇折沿，直壁浅腹，平底，四夔形足外撇。口沿下饰回纹，腹部四面雕刻兽面纹、回纹，器身与腿对应处起扉棱。上部木器盖捉手为圆纽形，下部长方形木底座，束腰，上下雕回纹、莲瓣纹。面下牙板和卷云足一木连做，雕如意云头纹。整器刀工刚劲有力，线条棱角分明，反映了明代的玉雕工艺。

76

法国铜镀金风雨寒暑表

French Gilt Copper Alloy Barometer-Thermometer

19世纪

长17.3、宽6.8、高16.1厘米

颐和园藏

铜镀金，整器有四周八立柱，顶部设指南针及调节时间的齿轮，正面和左右侧面均装饰珐琅花卉纹。钟身正面中间立一个温度计，左右两侧嵌两个小表，左侧为单套双针表，用罗马数字表示小时，表盘上有“PARIS”“HONG-KONG”字样；右侧为风雨表，用英文表示风雨寒暑。背面有“MADE IN FRANCE”标识，可知此表为法国制造。

FAHRENHEIT
STORMY
MUCH RAIN
RAIN CHANGE FAIR
SET FAIR
VERY DRY

结语

中国古典家具是中华优秀传统文化的重要载体，其道法自然的造物理念、和而不同的设计意趣和精妙奇巧的制作技艺，成就了造型雅致、榫卯精准、选材优良、类型完善的家具体系，再现了功能和形式的有机融合、文人与匠人的智慧结合、历史与文化的多元统一。中国古典家具蕴含着中华民族的审美取向、思想意识和时代精神，在世界家具史上占有重要地位，其强大的文化基因和历史根脉对现代家具、西方家具的设计与制作都有着重要的借鉴意义。古典家具折射出的不仅是永恒的美，更是文化的传承。

Conclusion

Chinese classical furniture is an important carrier of excellent traditional Chinese culture. Its manufacturing philosophy of *Dao* operating naturally, design intention of pursuing harmony but not uniformity, and exquisite and ingenious production techniques have achieved a furniture system with elegant shapes, precise mortise and tenon joints, excellent material selection, and complete types, which reproduces the organic integration of function and form, the wisdom combination of literati and craftsmen, and the diverse unity of history and culture. Chinese classical furniture embodies the aesthetic orientation, ideological consciousness, and contemporary spirit of the Chinese nation, and occupies an important position in the history of world furniture. Its powerful cultural genes and historical roots have important reference significance for the design and production of modern furniture and Western furniture. Classical furniture reflects not only eternal beauty, but also the inheritance of culture.